ÉMILE BOUTROUX
MEMBRE DE L'INSTITUT

WILLIAM JAMES

LIBRAIRIE ARMAND COLIN
PARIS

2ᵉ Édition

WILLIAM JAMES

WILLIAM JAMES

1842–1910

ÉMILE BOUTROUX
MEMBRE DE L'INSTITUT

WILLIAM JAMES

DEUXIÈME ÉDITION

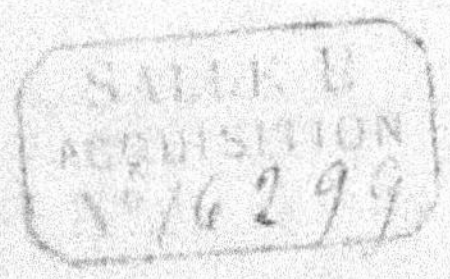

LIBRAIRIE ARMAND COLIN
Rue de Mézières, 5, PARIS

1911

WILLIAM JAMES

INTRODUCTION

L'illustre philosophe américain enlevé le
26 août dernier à sa patrie et au monde, le
professeur William James, était si remarquable comme homme, indépendamment de
ses doctrines, qu'il serait du plus grand
intérêt d'étudier pour elle-même sa vie intérieure, son âme, son caractère, son esprit,
sa parole et son style, en un mot sa personnalité. Puisse le grand écrivain Henry James,
son frère, qu'il aimait si tendrement, et à
qui, jusqu'à sa dernière heure, il prodigua
un dévouement admirable, tracer, avec son

cœur, sa puissance d'analyse et son art, ce précieux portrait! Il nous aiderait grandement à comprendre la doctrine du philosophe. Car si, chez certains hommes, la personne et l'œuvre sont très réellement séparables, en sorte que, pour bien entendre celle-ci, il convient, sinon de se passer, du moins de se défier des indications que celle-là nous fournit, il en est tout autrement de William James. Il professait qu'une philophie a sa racine dans la vie, non dans la vie collective ou impersonnelle de l'humanité, abstraction d'école, selon lui, mais dans la vie concrète de l'individu, la seule qui existe véritablement. Et, comme la fleur séparée de sa tige ne tarde pas à se flétrir, James pensait que la philosophie, jusque dans ses plus hardies spéculations, devait conserver son attache avec l'âme du penseur, si elle ne voulait dégénérer en un vain assemblage de mots et de concepts, dépourvu de contenu réel.

Si nous ne pouvons, nous, prétendre à faire revire la belle figure de William James, essayons, du moins, de noter quelques traits de sa physionomie: surtout abandonnons-nous de bonne grâce à l'impression si vive que sa personnalité produit d'elle-même sur qui l'approche, de manière à communier avec lui par la sympathie, et, par là même, à lire, en quelque mesure, dans l'intérieur de son âme.

VIE ET PERSONNALITÉ
DE WILLIAM JAMES

William James [1] naquit à New York City le 11 janvier 1842. Il était le fils aîné du Révérend Henry James, de Boston, célèbre comme théologien et comme écrivain. Physiquement il ressemblait à son père d'une manière frappante. Le Révérend Henry James alliait curieusement la gaieté à la gravité, une réflexion pénétrante et une

1. Les détails biographiques donnés ici sont empruntés notamment à un excellent article sur la vie et la philosophie de W. James, publié dans la Revue *The Harvard Graduates'Magazine*, décembre 1910, par M. Ralph Barton Perry, professeur associé de philosophie à l'Université Harvard. Voir aussi le portrait, si riche de particularités intimes, si vivant, si attachant, tracé par M. James Jackson Putnam, professeur de neurologie à l'Université Harvard, dans la Revue *The Atlantic Monthly*, décembre 1910.

grande profondeur de sentiment à un esprit amoureux de saillies et de plaisanteries. Et ces traits, également, se retrouvent chez William.

Les préoccupations du Révérend Henry James se portaient principalement sur les questions religieuses. Il était, à ce point de vue, attaché avec ferveur aux doctrines du grand savant suédois Swedenborg.

Le point de départ de ces doctrines fameuses, dont un Kant fut si vivement frappé, c'était la conviction qu'avait acquise Swedenborg, en étudiant le règne animal, de l'existence d'une constante influence mutuelle entre le mental et le matériel, entre le spirituel et le naturel. De là Swedenborg s'était élevé, par l'étude de la religion, telle qu'elle est décrite dans l'Écriture, à l'idée d'une relation entre les êtres terrestres et les êtres du monde spirituel, d'où résultait la possibilité de connaître directement les vérités religieuses, et de dériver de cette connaissance un christianisme purifié, sur lequel devait reposer la Jérusalem nouvelle.

William James reçut, dans ses premières années, une vive impression des enseignements paternels. Non seulement il acquit une disposition remarquable à l'analyse; mais il se pénétra de l'esprit swedenborgien, si bien qu'il semble avoir conservé toute sa vie une secrète prédilection pour les doctrines du grand mystique.

Les études de William James ne furent pas précisément régulières. Son père ayant été amené à vivre pour un temps en Europe, William James s'y familiarisa de bonne heure avec les langues et la culture européennes. Il reçut les leçons de maîtres particuliers, à Londres et à Paris. En 1857-8 il fut élève du collège de Boulogne-sur-Mer; et en 1859-60 il fréquenta l'Université de Genève. Puis, pendant l'hiver 1860-61, il travailla la peinture, sous la direction de

William M. Hunt, à Newport, dans l'État de Rhode Island en Amérique.

Cependant le goût de la science prédominait en lui. En 1861, à l'âge de dix-neuf ans, il entra à l'École scientifique Lawrence, à Harvard. Il y étudia, pendant deux ans, la chimie et l'anatomie. Puis, en 1863, il devint élève de l'École de Médecine de Harvard. Bien qu'il se proposât de passer le doctorat en médecine, il ne s'astreignit pas à suivre la série normale des cours. En avril 1865 il prit part, avec Louis Agassiz, à l'expédition Thayer qui se rendait au Brésil, et il resta plus d'un an dans ce pays. Pendant l'hiver 1867-8 il étudia la physiologie à l'Université de Berlin, puis il travailla avec Agassiz au Muséum de Zoologie comparée de Harvard. En 1869, il fut reçu docteur en médecine à Harvard. Il continua à travailler à sa guise, sans remplir de fonctions, jusqu'en 1872, en partie par suite de sa mauvaise santé, en partie à cause de sa curiosité d'esprit, avide de connaissances diverses, sans parler d'une certaine répugnance instinctive à l'égard des besognes officielles.

En 1872 commença, à Harvard, la carrière académique de William James, laquelle devait se poursuivre tout entière dans cette même Université. Il débuta comme instructeur de physiologie. Puis, de 1873 à 1876, il fut instructeur d'anatomie et de physiologie. Dès 1875, il offrait aux élèves gradués un cours sur les rapports entre la physiologie et la psychologie. Il dirigea des recherches expérimentales dans un local de l'École scientifique Lawrence : ce fut là, peut-on dire, le premier laboratoire psychologique organisé en Amérique. En 1879-80, il fit un premier cours proprement philosophique, dont le sujet était : « La Philosophie de l'Évolution ». Il n'enseigna plus, par la suite, l'anatomie et la physiologie.

Il devint, en 1880, professeur assistant de

philosophie. Quelques années après, en 1884, il contribua à la fondation de la Société américaine de recherches psychiques (*The American Society for Psychical Research*). En 1885 il fut nommé professeur de philosophie, et, en 1889, il passa dans la chaire de psychologie.

C'est à cette époque que se place la composition de son grand ouvrage : *Principles of Psychology*, 1890, en deux gros volumes, dont l'importance fut tout de suite reconnue dans le monde entier, et qui suffirait à lui assurer une place de premier rang dans l'histoire du mouvement philosophique de notre époque. En 1892, il publia, de ce traité, un abrégé : *Psychology, Briefer Course*, ou *A Text-Book of Psychology*, qui continua de répandre par le monde son nom et son influence, et qui fut bientôt adopté universellement comme manuel de psychologie dans les collèges américains.

Il abandonna la direction du laboratoire

de psychologie en 1892, et échangea son titre de professeur de psychologie contre celui de professeur de philosophie, qu'il devait garder jusqu'à la fin de sa vie. Son fameux article : *La Volonté de croire* (*The Will to Believe*) est de 1896. Et son recueil de conférences intitulé : *Causeries à l'adresse des maîtres sur la psychologie, et à l'adresse des étudiants sur quelques-unes des fins idéales de la vie* (*Talks to Teachers on Psychology, and to Students on some of Life's Ideals*), qui eut, tout de suite, un succès extraordinaire, et qui, aujourd'hui encore, est lu avidement dans le monde entier, date de 1899.

Cependant sa santé, qui avait toujours été délicate, s'altérait profondément, en cette même année 1899. Un excès de fatigue, occasionné sans doute par une excursion aux monts Adirondack, détermina une faiblesse du cœur, qui le tint éloigné de l'Université pendant les années 1899-1901.

La période qui s'étend de cette époque jusqu'à sa mort n'en a pas moins été, peut-être, la plus productive et la plus brillante de sa carrière. En 1901 et 1902 il donna à Édimbourg, comme conférencier de la Fondation Gifford, ses fameuses conférences sur *Les Variétés de l'Expérience religieuse*, qui, publiées en 1902, furent le signal d'un mouvement d'idées considérable dans le domaine de la psychologie religieuse, et qui, une seconde fois, firent apparaître William James comme un initiateur.

En 1906 et en 1907, il fit, à l'Institut Lowell, à Boston, et à l'Université Columbia, à New York, des leçons sur le « pragmatisme », qui, publiées en 1907, eurent également un très grand retentissement.

Enfin il se préoccupait, à la demande générale des professeurs et des élèves, de rassembler ses idées et de les présenter dans leur coordination logique, en un manuel ou *Text-Book* analogue à celui qu'il avait composé pour résumer sa psychologie. Il n'avait écrit qu'une partie de cet ouvrage, quand il partit pour l'Europe, afin d'y consulter des spécialistes sur l'état de sa santé, qui avait empiré.

Voyage pénible, douloureux, où la gravité du mal devint de plus en plus évidente, où, pourtant, William James sut prodiguer à ses amis, comme s'il eût été dans son état normal, les trésors de son esprit et de son cœur!

A peine rentré en Amérique, à sa rustique villa de Chocorua dans le New Hampshire, il eut une défaillance du cœur; et il mourut, au bout d'une huitaine de jours, le 26 août, à l'âge de soixante-huit ans[1].

1. Les principaux ouvrages de William James sont : Des articles publiés dans la *Critique philosophique* de Renouvier, Paris, 1870, 1880, 1881; *Principles of Psychology*, 2 vol., 1890; *Psychology, Briefer Course (A Text-Book of Psychology)*, 1892, ouvrage traduit en français par E. Baudin et G. Bertier sous le titre : *Précis de Psychologie*, 1909; *The Will to Believe and other Essays in popular Philosophy*, 1897, essais dont quelques-uns ont paru en traduction française dans la *Critique philosophique*; *Human*

*
* *

La vie du professeur James s'est passée
tout entière à étudier, expérimenter, obser-
ver, lire, réfléchir, chercher, enseigner,
causer, exhorter et écrire. Il savait beau-
coup, grâce à sa vive curiosité d'esprit, à sa
mémoire puissante et précise, à sa connaissance des langues, à son amour des livres, à

Immortality, Two supposed Objections to the Doctrine, 1897;
*Talks to Teachers on Psychology, and to Students on
Life's Ideals*, 1899, ouvrage dont la première partie a été
traduite en français par L.-S. Pidoux, sous le titre
Causeries pédagogiques, Lausanne et Paris, 1909; *The
Varieties of Religious Experience, A Study in Human Nature,
being the Gifford Lectures on Natural Religion delivered at
Edinburgh, in 1901-1902*, 1902, ouvrage traduit en français
par Frank Abauzit, sous le titre : *L'Expérience religieuse*,
1906; *Pragmatism, a New Name for some Old Ways of
Thinking*, 1907; *A Pluralistic Universe, Hibbert Lectures at
Manchester College on the Present Situation in Philosophy*,
1909; une traduction française de cet ouvrage, par
Le Brun et Paris, a paru en 1910, intitulée, on ne sait
pourquoi : *Philosophie de l'Expérience*; *The Meaning of
Truth, A sequel to « Pragmatism »*, 1909; plus un grand
nombre d'articles de Revues, notamment dans : *Mind; The
Journal of Philosophy; Psychology and scientific Methods;
The Philosophical Review; The Princeton Review; The Har-
vard Graduates' Magazine; Scribner's Magazine; The Forum;
The Proceedings of the Society for Psychical Research; The
Science; The Nation*, etc.

ses innombrables relations en tout pays.
Mais il n'appréciait que les connaissances
tirées immédiatement de l'observation des
réalités et contrôlées incessamment par cette
observation même. Les formules qui ne
pouvaient pas se traduire en faits d'expérience lui paraissaient négligeables. Un mot
revenait constamment sur ses lèvres, expri-
mant la manière de penser qui lui était chère :
le mot *direct*. Il ne lui était pas désagréable
de lancer les faits, l'expérience brutale, la
vie, le bon sens, les choses basses, communes et familières chères à Pascal, à travers
les savants systèmes, les grands mots, les
traditions sacro-saintes de la scolastique
ancienne et moderne.

Parmi les étudiants qui se pressaient à
ses cours, plusieurs y venaient chercher
principalement des réponses toutes prêtes
en vue de leurs examens : il n'avait cure de
les satisfaire. Il donnait à son auditoire,
avec sa vivacité et sa verve prime-sautières,

le résultat de ses recherches et de ses réflexions personnelles sur les problèmes qui le passionnaient, sans se souvenir qu'il existât un programme académique. En sorte qu'un jour un de ses auditeurs l'interrompit par ces mots : *To be serious for a moment* : « Soyons sérieux, pour une fois ».

Ce très habile et éloquent professeur professait aussi peu que possible. Il n'eût pu se plier aux règles de la pédagogie officielle. Il mettait dans sa parole sa pensée toujours en travail, son âme ardente, tout son être, soit qu'il enseignât dans sa chaire, soit qu'il fît, par le monde, quelque conférence, soit qu'il causât familièrement avec des amis. La spontanéité de son discours était saisissante. Tout ce qu'il disait débordait de sens et de suggestions, et ce n'était jamais dans une forme convenue, abstraite et impersonnelle qu'il s'exprimait. C'était toutes vivantes et imprégnées de sa personnalité, que ses

idées sortaient de son cerveau : les expressions les plus inattendues, les plus ingé-
nieuses, les plus amusantes, tombaient
naturellement de ses lèvres, et se fixaient
aisément dans l'esprit de ses auditeurs,
surpris, charmés, et sommés de réfléchir
eux-mêmes. Jamais ne s'appliqua plus exactement le mot trop prodigué de Pascal :
On est ravi lorsque, s'attendant de voir un
auteur, on trouve un homme.

Comme il parlait, ainsi il écrivait. Faisait-
il, entre l'une et l'autre de ces deux occupa-
tions, une grande différence ? Quand on le
lit, on croit l'entendre. C'est, dans la disposition des idées, le même ordre subtil, libre
et vivant, l'ordre du cœur de Pascal, plus
profond et plus vrai peut-être que l'ordre
gros et palpable des démonstrations géomé-
triques. C'est le même langage pittoresque,
personnel, plein de trouvailles et d'images
révélatrices. C'est la même vivacité, la
même vigueur d'attaque et d'argumentation.

C'est aussi une élégance supérieure, merveilleux mélange de science, de précision, de scrupule, de force, de naturel, de grâce, et comme d'abandon. En sorte que ce profond et solide penseur est, sans y prendre garde, un écrivain, un artiste, l'une des gloires de la littérature comme de la philosophie américaines. Et ses livres ont, entre autres mérites, cette qualité rare : ils sont lus.

La vie qu'expriment si directement cet enseignement et ces écrits est, dans son extrême simplicité, d'une richesse morale incomparable.

Tandis que certains penseurs s'appliquent à transformer les réalités immédiates, avec les passions, les luttes et les tâtonnements qu'elles enveloppent, en idées pures, abstraites, rigides et impassibles, et à voir, en quelque sorte, les choses mouvantes sous l'aspect de l'immobile éternité; pour William James, les idées elles-mêmes n'ont de signification et de valeur que par la portion de vie qu'elles retiennent; et toute l'activité de son esprit est une participation cordiale aux émotions, aux labeurs et aux tâches présentes de son pays et de l'humanité. Il ne disserte pas seulement, en homme bien informé et en critique subtil, sur les conditions des grands problèmes philosophiques, tels que : les méthodes et la signification de la science; les rapports de la science et de la religion; l'éducation; la valeur de la souffrance, de la lutte et de la guerre; la forme idéale de la vie humaine. Il se voit, lui-même, dans sa conscience, en face des alternatives où ces problèmes nous jettent; et il traite et résout ces questions avec tout son être, comme chacun fait quand il sent qu'il s'agit de lui, et non pas seulement des autres. De là, l'accent personnel et sympathique de sa parole. Il atteignait l'âme de ses interlocuteurs, parce qu'il parlait avec son âme.

Il apportait, d'ailleurs, à l'étude des

problèmes de la vie, une virilité et une hauteur de vue peu communes. Il avait l'âme fière et vaillante ; et cette fierté se fondait sur une confiance candide dans les commandements de la morale et dans les élans généreux de la religion. Il avait le sens de la sympathie et de l'amour, du sacrifice, de l'ascétisme qui trempe la volonté, de l'héroïsme dévoué à l'idéal. Il avait peu de goût pour les protestations de zèle et de dévouement, et aurait peut-être préféré une franchise rude à une amabilité de complaisance. Il eût plutôt risqué de rappeler Alceste que Philinte. Mais, s'il ne se donnait qu'à bon escient, il était d'une bonté infiniment affectueuse, attentive et délicate envers ceux qu'il traitait en amis. C'était une atmosphère d'hospitalité très cordiale, en même temps que d'intelligence, d'esprit, de franchise, d'intimité, d'honnêteté, de travail, de sérieux et de joie, que celle qui vous enveloppait dans la famille du professeur James, en cette

charmante habitation d'Irving Street, dont
lui-même avait tracé le plan, large et simple
villa construite en bois, dans le style colonial,
entourée de gazons et d'arbres, comme la
plupart des maisons du Cambridge universi-
taire.

Tel était encore cet intérieur au printemps
dernier, alors que le professeur James,
qui, en sa qualité de médecin, suivait les
progrès de son mal, méditait, tentative
suprême, de venir à Paris consulter un
savant spécialiste. Ni à ce moment, ni plus
tard, tandis que redoublaient ses souffrances
et que l'avenir s'assombrissait de jour en
jour, il ne se départit de son humeur originale, de sa vivacité spirituelle, de son intérêt
pour le présent, de son obligeance inépui-
sable. Sans doute croyait-il l'esprit plus fort
que les agents qui détruisent l'organisme.
Et il pensait qu'aux hommes de bonne
volonté la mort même ne peut qu'être bonne.
Les angoisses les plus affreuses, l'appel

impatient de la mort ne lui arrachèrent pas
une plainte, une parole ou un mouvement
de découragement. Il fut jusqu'au bout
l'homme de pensée, de foi et d'énergie, qui
n'admet pas que notre courte sagesse impose
une borne au possible, et qui croit qu'il
dépend de nous de contribuer, par notre
effort personnel, ici-bas et ailleurs peut-être,
à la conservation et à l'accroissement des
forces morales et spirituelles dans l'univers.

PHILOSOPHIE
DE WILLIAM JAMES

I

LA PSYCHOLOGIE

Le point de départ des recherches philosophiques de William James se trouve dans ses études d'anatomie et de physiologie. Par profession comme par doctrine, il conduit ces études d'après une méthode strictement expérimentale. Or c'est précisément cette préoccupation de prendre l'expérience pour unique guide, qui l'amena à franchir les limites de la physiologie, pour s'engager dans le domaine des recherches psychologiques, où il devait s'illustrer.

Étudiant en physiologiste les actes accomplis par les êtres vivants, il admit volontiers qu'un grand nombre de ces actes s'explique d'une façon satisfaisante, si on les considère comme des réactions nerveuses automatiques et mécaniques, répondant immédiatement aux excitations venues de l'extérieur. Ces actes, en effet, sont sensiblement identiques pour des excitations semblables. Mais certains actes, par ailleurs, se rencontrent chez les vivants, qui diffèrent profondément de ceux-ci. Ils tendent bien, comme eux, d'une manière générale, à la conservation de l'individu; mais, pour une même excitation, ils sont divers et imprévisibles. Une grenouille à qui on a enlevé les centres supérieurs réagit à la manière d'une machine. Mais celle qui possède ces centres réagit d'une manière spontanée.

Devons-nous admettre que cette spontanéité n'est qu'apparente, et qu'en réalité le réflexe n'est pas moins mécanique dans le

second cas que dans le premier? Une telle
interprétation ne peut être tenue que pour
arbitraire.

A vrai dire, nous ne savons pas précisément si le plus humble réflexe, avec la
propriété qu'il possède de viser à la conservation de la vie, n'est pas, déjà, au fond,
irréductible au pur mécanisme. Et, quand
l'explication qui suffit au physiologiste coïn-
ciderait exactement avec la réalité, pourquoi
tous les réflexes, sans exception, se ramène-
raient-ils à ces réflexes élémentaires?

Or, tandis que je ne puis identifier les
réflexes supérieurs avec les inférieurs que
par des raisonnements douteux et à l'aide
d'hypothèses métaphysiques injustifiables,
je rencontre, dans l'expérience elle-même,
une donnée qui, immédiatement, me fournit
l'explication cherchée : c'est l'idée, phénomène qui, notamment chez l'homme, s'in-
tercale, dans certains cas, entre l'excitation
et la réaction. Si je veux demeurer sur

le terrain expérimental, je ferai une place, dans la théorie des réflexes, à l'idée, aussi bien qu'aux nerfs, qui suffisent sensiblement à expliquer les réflexes inférieurs. Scientifiquement, je dois expliquer les actes des animaux, selon les cas, tantôt par de simples mouvements organiques, tantôt par l'intervention d'une idée.

Cette remarque n'a-t-elle d'autre effet que d'ouvrir un nouveau chapitre de la science physiologique?

Il convient de modeler la science sur les réalités, et non celles-ci sur telle ou telle condition de notre science, que l'on poserait *a priori*. L'idée, qui, chez les animaux, et en particulier chez l'homme, a ce caractère remarquable d'être aperçue par une conscience, ne pourrait en aucune façon être connue, si l'on devait s'en tenir au mode de connaître du physiologiste. L'expérience par laquelle nous la saisissons diffère, non superficiellement, mais radicalement, de

l'expérience sensible, qui suffit à l'étude de
la vie pure et simple. C'est proprement
l'expérience psychologique, mode de connaissance dont la réalité distincte a été
excellemment mise en lumière par Locke,
Berkeley, John Stuart Mill et les psychologues modernes.

Cependant, pour définir plus scientifiquement cette expérience, ne conviendrait-il
pas, après en avoir reconnu l'existence, de
la concevoir le plus possible par analogie
avec l'expérience physique, et de supposer
qu'elle a pour but, après avoir découvert
dans l'âme des éléments simples, de
chercher comment ceux-ci, en se combinant,
produisent les phénomènes complexes dont
nous avons conscience? Un tel atomisme
psychologique fut le postulat de la doctrine
dite associationniste, laquelle a longtemps
paru triomphante. Mais voici que, depuis un
certain temps, d'Écosse, notamment, comme
de France, des objections graves s'élèvent

contre l'analogie que cette doctrine établit entre les relations psychiques et les relations mécaniques. L'associationnisme est un effort pour trouver, dans le monde de la conscience, un genre de relation qui ressemble à l'attraction newtonienne. Or, ne risque-t-on pas de laisser échapper l'essentiel du fait psychique, si on lui impose, *a priori*, la forme des faits élémentaires du monde matériel?

Parmi les adversaires de l'associationnisme, l'un de ceux dont les coups frappèrent le plus victorieusement fut William James. Il ne cessa de montrer que l'hypothèse atomistique, qui pose des éléments impénétrables, littéralement extérieurs les uns aux autres, et foncièrement immuables, ne s'adapte en aucune façon à la nature, essentiellement nuancée, complexe, pénétrable, fluide et individuelle, des existences que nous fait connaître l'expérience psychologique. En sorte que, sous le nom d'états

de conscience, l'associationnisme considère
des entités imaginaires, artificiellement déta-
chées de la réalité psychique, élaborées suivant un type qui se rapporte à un autre
ordre de phénomènes, et non la vie de l'âme
elle-même, en ce qu'elle a de spécifique et
d'original.

Que si l'associationnisme doit, dès lors,
être abandonné, s'ensuit-il, d'autre part,
qu'il faille revenir à la substance de l'école
spiritualiste, comme principe de l'unité qui,
profondément, pénètre la multiplicité psychique?

Cette solution, elle aussi, est insuffisante.
Comme l'atome de conscience des associationnistes, la substance des spiritualistes n'est
qu'un être de raison, inconnu de l'expérience. Et l'universalité homogène qui la
caractérise la rend impropre à expliquer ce
qu'il y a de mouvant et de capable de nouveauté dans la réalité psychique.

La conclusion, c'est que l'introspection

est et demeure la méthode nécessaire, la
méthode propre de la psychologie. Mais
cette opération, pour être effectivement
féconde, doit être conduite d'une certaine
manière, qui, jusqu'ici, n'a pas été exactement ou suffisamment définie. Elle doit être
dirigée de façon à saisir autre chose que le
multiple sans l'unité, objet de l'expérience
physico-psychologique des associationnistes,
ou l'un sans le multiple, objet de la pré-
tendue intuition des métaphysiciens spiritualistes. La véritable introspection est la
synthèse vivante, la fusion intime, l'unité
concrète de ces deux méthodes. Elle a
pour objet la donnée véritable, immédiate,
de la conscience. Or cette donnée n'est, ni
un état de conscience juxtaposé à d'autres
états, comme sont les choses situées dans
l'espace, ni un moi un et identique, com-
parable à une unité mathématique : elle
consiste dans le contenu total, à la fois
distinct et indistinct, fini et infini, un et

multiple, d'une certaine conscience individuelle, prise à un moment donné de son
existence. Et l'idée même d'un moment
isolé est encore une fiction; car la conscience est un courant perpétuellement mouvant. *The stream of consciousness* : c'est la
manière la moins impropre de la désigner.

Telle est l'expérience psychologique : en
somme, elle ne fait qu'un avec la conscience
elle-même. Celle-ci n'est pas une pelote où
seraient piqués des accidents; ce n'est pas
non plus une collection numérique d'éléments, au regard desquels l'unité et l'individualité ne seraient que des épiphénomènes :
c'est une unité multiple et une multiplicité une, un être essentiellement individuel
et vivant. Et considérer ses manifestations
en faisant abstraction de sa vie et de son
individualité, c'est proprement étudier autre
chose que ce qui est en question. Cette
unité n'est pas faite de multiplicité, car on
ne peut l'obtenir par voie de synthèse. Le

multiple en peut résulter, il ne saurait la précéder ni la produire. Telle est, en quelque manière, la pensée par rapport aux mots : on peut traduire la pensée en mots; on ne peut, avec des mots, faire une pensée.

L'expérience psychologique, ainsi déterminée, étant aussi réelle que l'expérience physique, la psychologie qui sera constituée par son moyen aura droit au nom de science naturelle, au même titre que les sciences de la vie qui pratiquent l'expérience physique.

Quel usage, cependant, la psychologie fera-t-elle de la méthode qui lui est propre? Se bornera-t-elle à décrire les phénomènes que discerne l'introspection, sans tenter en aucune façon de les expliquer?

S'en tenir à la description pure et simple des phénomènes n'est pas faire œuvre scientifique; et mieux vaudrait encore restaurer les entités des métaphysiciens spiritualistes

que de s'interdire toute recherche des lois
et des causes des phénomènes. Mais s'il est
impossible de considérer l'expérience physique comme la seule que la science puisse
avouer, il ne serait pas moins artificiel
d'isoler l'expérience psychique de l'expérience physique. L'expérience concrète et
véritable, celle qui représente le donné proprement dit, nous montre des états de conscience conditionnés, immédiatement, par
certaines activités des hémisphères cérébraux. Ces enseignements ne sauraient être
infirmés par les données propres à la conscience. La psychologie pourra donc, jusqu'à
un certain point, s'appliquer à rendre raison
des phénomènes en partant de la suppo-
sition d'une corrélation constante entre les
états cérébraux et les états psychiques.
Et rien ne lui interdira, là où cet expé-
dient paraîtra commode, d'appeler à son
aide l'associationnisme, qui, précisément,
a été construit de manière à établir une

symétrie entre le psychique et le physique.

Mais il importe de remarquer que, si la psychologie, chez William James, reprend ainsi, en maint endroit, telle méthode que d'abord elle semblait proscrire, c'est en en modifiant la signification conformément à ses principes propres. Le parallélisme psycho-physique n'est plus, pour la psychologie de la conscience concrète et totale, un principe, mais une hypothèse, un artifice : c'est une représentation partielle et fictive de la nature des choses, un langage, dont, précisément, on mesurera la valeur en essayant de s'en servir comme de méthode d'explication. L'esprit humain ne pense, ne perçoit même qu'au moyen de présomptions et d'hypothèses : ses affirmations signifient que tels instruments qu'il s'est forgés, tels cadres qu'il s'est construits, maintes fois lui ont rendu service dans son commerce avec la réalité.

Bien plus : le postulat du parallélisme

prend, dans une psychologie vivante et
directe comme celle de James, une signification nouvelle. Car l'expérience ne nous
montre pas seulement l'action du physique
sur le moral : elle nous montre, non moins
évidemment, l'action du moral sur le physique. En sorte que l'état cérébral dont
dépend un état psychique peut fort bien
n'être pas, lui-même, purement physique
dans son origine. Notre séparation du mécanique et du conscient n'existe pas dans la
nature. Considérez, d'une part, tel réflexe
psychique, manifestement spontané; d'autre
part, un réflexe élémentaire, qui semble
être un phénomène purement mécanique.
Entre l'un et l'autre la nature nous offre des
transitions insensibles. Et l'hypothèse, en
somme, la plus vraisemblable, c'est qu'à
l'origine tous les centres nerveux sans exception répondaient aux excitations de manière
spontanée et intelligente, mais que, par
l'effet d'une certaine évolution, les centres

nerveux en sont venus à se différencier, les uns s'élevant au-dessus, les autres tombant au-dessous, de la manière d'être primitive.

C'est ainsi qu'une fois en possession de son principe, de son point de vue, de sa méthode propres, la psychologie peut, sans scrupule, faire appel aux données et aux postulats des sciences biologiques et physiques, d'autant que, dans la réalité, les choses ne sont nullement séparées les unes des autres, et que le psychique, en fait, plonge dans le physique. Les principes des sciences physiques se transfigurent, au contact de la psychologie. Leur matérialisme s'évanouit, leur mécanisme s'anime, leur déterminisme s'assouplit.

*
* *

Ayant ainsi défini les conditions du passage de la physiologie à la psychologie, William James se consacra, pour un long temps, à cette dernière science. Il la traita

pour elle-même, suivant la méthode et le
point de vue qui lui convenaient précisément. Il s'efforça, en toute recherche, de
ne point considérer les choses simplement
du dehors, ou de biais, de ne pas se borner
à les interpréter à l'aide de concepts formés
pour saisir et classer d'autres objets, mais
de se placer au centre des réalités qu'il
voulait connaître, de regarder les phénomènes en face, de les étudier le plus directement, le plus immédiatement qu'il se pouvait. Or, l'œuvre qu'il a accomplie dans
ce domaine est si considérable et originale, si constamment en contact avec la
réalité vivante, qu'elle subsistera bien certainement à travers les âges, comme l'un
des moments décisifs du développement
historique de la science. C'est, après le
règne de l'associationnisme, la restauration
de la psychologie introspective sur de nouvelles bases.

L'objet de la psychologie est, selon James,

la vie de la conscience personnelle. Celle-ci a deux caractères : elle est, en premier lieu, une activité téléologique, ou choix de moyens en vue de la réalisation d'une fin ; de plus, et en second lieu, le but qu'elle poursuit est, proprement, la conservation des parties de son contenu auxquelles elle s'intéresse, et l'élimination des autres.

Tel est le double fait fondamental. Situer ce fait dans son milieu physique, à savoir, tout d'abord, dans le cerveau ; en décrire toutes les phases et toutes les formes, et les relier à leurs conditions physiologiques : à cette tâche immense répondent, pour une bonne part de son étendue, les *Principes de Psychologie* (1890) et le *Précis de Psychologie* (1892) : ouvrages rigoureusement scientifiques, par la forme comme par le fond, envisageant la psychologie, très réellement, comme une science naturelle ; et, en même temps, très libres d'allure, à travers l'ordre précis et subtil des matières, très

vivants, très élégants, très captivants, lec-
ture agréable et fortifiante pour un homme
du monde, non moins qu'instrument d'étude
indispensable pour le spécialiste. Qu'on lise,
dans le *Précis*, le chapitre sur l'habitude,
ou la fin du chapitre sur la volonté ; et l'on
constatera avec une surprise ravie que, de
même que le philosophe considère toujours
le donné dans la totalité de son contenu,
ainsi, jusque dans le traité le plus technique,
l'homme, constamment, écrit avec tout lui-
même, avec son imagination et son cœur,
comme avec son intelligence et sa science.

Parmi les nombreuses parties originales
que contiennent les ouvrages de William
James, l'une des plus célèbres est la théorie
de l'émotion, considérée comme étant l'effet,
et non la cause, de son expression orga-
nique[1]. Selon l'ordre réel des choses, en-

1. Cette théorie est connue sous le nom de théorie de
James-Lange. En réalité William James a commencé à
publier ses vues sur cette question dans la Revue *Mind*,
en 1884 ; le physiologiste danois Lange, sans avoir connu

seigne James, il ne faut pas dire que nous pleurons parce que nous nous sentons tristes, il faut dire que nous sommes tristes parce que nous pleurons. L'émotion ne résulte pas de courants nerveux efférents, mais uniquement de courants afférents. Elle n'est autre chose que le sentiment que nous avons des réactions motrices, viscérales et circulatoires, consécutives à la perception de l'objet. Le fait de conscience affectif ne suit pas immédiatement du fait de conscience représentatif : des modifications corporelles s'interposent, et c'est le sentiment de ces modifications qui constitue l'émotion. La principale preuve donnée par James, c'est qu'on ne voit pas ce qui pourrait rester de l'émotion, si l'on retranchait la totalité des réactions organiques concomitantes.

les travaux de James, a exposé la même doctrine, en 1885, dans un livre intitulé : *Ueber die Gemütsbewegungen*. — Dans les *Annales de la Société linnéenne de Lyon*, t. LVIII, 1911, M. Nayrac montre que vers 1830 deux médecins français, Ph. Dufour et P. Blaud, avaient esquissé une théorie analogue.

Il est visible que James construit et défend
sa théorie sans se demander un instant si
elle prouve ou infirme la vérité du matérialisme. Il cherche une explication conforme
à l'expérience, et il ne cherche pas autre
chose. C'est le propre de la science moderne
de trouver des explications instructives et
utiles au moyen de causes prochaines, sans
avoir besoin d'aborder les questions relatives aux principes.

Il ne s'ensuit nullement, d'ailleurs, que
William James, comme philosophe, se
désintéresse de la question métaphysique
soulevée par sa théorie. Tout au contraire,
réfléchissant par après sur l'explication de
l'émotion par les courants afférents, il se
demande si cette vue peut être taxée de
matérialisme. Rien, selon lui, n'autorise une
telle appréciation. D'abord, il ne s'agit pas
ici de toute espèce d'émotion, mais des
émotions grosses et violentes. Peut-être certaines émotions délicates, telles que les

émotions esthétiques et morales, se pro-
duisent-elles d'une autre manière. Ensuite,
la valeur d'une émotion réside en elle-
même, et non dans son mode de production. Si quelque émotion est, en soi, un
fait profond, pur, noble, spirituel, elle
demeure telle, soit qu'elle consiste ou non
dans le sentiment de certaines modifications viscérales. Expliquer l'apparition d'un
phénomène n'est pas le supprimer.

Mais ce n'est pas tout. La théorie physiologique de l'émotion part de certains phénomènes somatiques, et n'a pas besoin, quant
à elle, de rechercher si ces phénomènes ont,
à leur tour, une cause exclusivement corpo-
relle. Il lui suffit de constater que, là où ils
sont présents, l'émotion apparaît. Mais tous
les phénomènes psychologiques ne peuvent
pas, de la sorte, être expliqués, sans que soit
soulevée la question de l'origine, mécanique
ou extra-mécanique, de leurs conditions
somatiques. Le phénomène de l'attention,

par exemple, si on l'approfondit, conduit le
psychologue à tenir pour possible que l'action psychique, comme telle, ajoute quelque
chose de nouveau aux forces actuellement
présentes dans l'individu. Il se peut donc
que, dans certains cas, la conscience contribue elle-même à produire et déterminer
le substratum physiologique qui conditionne
son opération.

*
* *

La psychologie déborde la physiologie.
La matière de celle-ci, qui, au physiologiste,
semblait un tout complet et absolu, n'est
plus qu'une partie, non isolable, aux yeux
du psychologue, qui la voit se former, par
une différenciation et une fixation contin-
gentes, d'une réalité plus vaste et plus mou-
vante, fournie par la conscience. Est-ce à
dire que la psychologie atteigne la réalité
ultime et pleinement réelle, où les choses se
montrent exactement telles qu'elles sont?

Si la physiologie avait ses postulats, lesquels trouvent un fondement dans la psychologie, celle-ci, à son tour, ne peut se flatter de n'admettre que ce qu'elle-même prouve et comprend au moyen de ses données propres. La psychologie est, en somme, dans une situation analogue à celle des autres sciences. Elle se construit à l'aide d'éléments dont elle a tout d'abord une intelligence suffisante, étant donné les tâches qui les premières s'imposent à elle. Ses postulats ont, en ce sens, toute la clarté et toute la certitude nécessaires. C'est ainsi qu'un astronome peut s'avancer jusqu'à un certain point dans l'explication des phénomènes célestes en admettant que le soleil tourne autour de la terre. Mais, à mesure que s'étend le cercle des recherches, il devient visible que tel axiome reçu n'était qu'un postulat, et que le sens même de ce postulat doit se modifier, si l'on veut qu'il s'applique à une réalité plus profonde et plus large.

Les *data* de la psychologie sont, en dernière analyse, les deux suivants : 1° l'existence effective de pensées et de sentiments, selon les termes dont nous nous servons pour désigner nos états de conscience transitoires; 2° la connaissance, à l'aide de ces états de conscience, de certaines réalités, autres que ces états eux-mêmes.

Or, s'il n'est pas douteux que le psychologue puisse cultiver une portion considérable de son domaine sans scruter ces postulats, et en se contentant d'en posséder une définition sensiblement claire, sinon distincte, il arrive, d'autre part, que l'investigateur résolu à suivre la réalité partout où elle le mène, se voit, quelque jour, en face de questions telles que : la relation de la conscience au cerveau, la relation des états mentaux à leurs objets, le caractère mouvant de la conscience, la relation des états de conscience à un sujet connaissant. Or, non seulement il ne peut résoudre ces

problèmes à l'aide des seules ressources
que lui offrent les données physiologiques
et psychologiques proprement dites ; mais
les solutions mêmes qu'il a obtenues dans
les matières plus directement accessibles
ne lui apparaissent plus que comme abstraites et relatives.

La condition de la psychologie est,
ainsi, analogue à celle de la physiologie.
Si celle-ci pousse suffisamment loin ses
recherches, elle voit, à un certain moment,
se dresser devant elle des énigmes qui la
surpassent. Pareillement, la psychologie
fournit, sans doute, une vaste carrière
comme science purement naturelle. Mais
au cours de son progrès une heure vient
où, si elle veut expliquer les faits dans ce
qu'ils ont précisément de spécifique, elle se
voit obligée d'élargir ses cadres, et d'aborder
des questions supérieures : les questions
dites métaphysiques. Il faut avoir le courage de le dire : le Galilée ou le Lavoisier

de la psychologie, l'homme qui en dévoilera
le principe véritablement fondamental, s'il
doit apparaître un jour, sera un méta-
physicien.

L'expérience, seule source de notre connaissance, peut-elle suffire à une telle évolution?

II

LA PSYCHOLOGIE RELIGIEUSE

Le savant qui n'a pratiqué d'autre forme d'expérience que l'expérience physique s'imagine aisément que cette forme est la seule possible. Mais le psychologue qui, sans s'embarrasser *a priori* de recherches sur les conditions de la connaissance, résout par le fait, comme Diogène, le problème de la possibilité, et pratique, d'emblée, l'expérience psychologique, s'aperçoit, s'il vient à réfléchir par après sur cette expérience, qu'en cela même qu'elle présente de distinct et d'original, elle n'est pas moins réelle que l'expérience physique, qu'elle y est liée naturellement, et que, d'autre part, elle y est irréductible. Il y a donc,

certainement, deux sortes d'expériences :
pourquoi n'y en aurait-il pas trois? La
seconde, jointe à la première, épuise-t-elle
la réalité?

Parmi l'infinie variété de contenus que
peut offrir la conscience de l'homme, il en
est un qui apparaît comme particulièrement
paradoxal : c'est ce qu'on appelle l'altération de la personnalité. Comment la conscience, dont le trait distinctif est l'unité et
la continuité, peut-elle se transformer ou se
subdiviser en plusieurs moi plus ou moins
hétérogènes, simultanés, successifs, ou alter-
natifs? Prétendre s'en tenir, quoi que l'on
constate, à la claire et commode doctrine
d'une conscience personnelle toujours identique avec elle-même, circonscrite et fermée,
serait se condamner à considérer les altérations de la personnalité comme des apparences purement illusoires. L'évidence des
faits a, sur ce point, fait pâlir celle des
définitions; et la psychologie s'est résignée

à admettre, au delà du moi nettement conscient de lui-même, une masse plus ou moins considérable d'éléments psychiques, susceptibles, soit de graviter autour de ce moi, soit de s'organiser eux-mêmes en consciences plus ou moins distinctes de la conscience première.

Or, tant qu'il ne s'agit que de certains phénomènes pathologiques, où la personnalité apparaît surtout comme diminuée et morcelée, l'hypothèse d'une simple désagrégation de la conscience peut sembler suffisante ; et les psychologues attachés au principe de la conscience claire ne désespèrent pas de dériver, de celle-ci même, tout le contenu de la conscience obscure et marginale. A vrai dire, on peut se demander si ceux qui prétendent tenir cette gageure ne s'abusent pas parfois sur la valeur de leurs explications, comme il arrive au physiologiste qui croit réduire entièrement au mécanisme les réflexes inférieurs. Mais il

devient, semble-t-il, tout à fait impossible de
se contenter d'une explication tirée de la
psychologie normale, ou analyse de la conscience personnelle, lorsque l'on a affaire
à certaines altérations de la personnalité,
où celle-ci se montre, non seulement modi-
fiée, mais démesurément agrandie et trans-
figurée, ainsi qu'il arrive dans l'évolution
des âmes religieuses. Et l'on est réduit,
si l'on veut tenter l'explication de ces phénomènes par les seuls principes dont dispose la psychologie normale, soit à nier les
faits, soit à les mutiler ou à les déformer.

Or, de même que le psychologue, étouf-
fant dans la prison où l'enfermait la physiologie, s'est ouvert un champ d'études
immense en posant délibérément l'existence
d'une expérience spécifiquement psychologique; de même il se peut qu'en s'installant
au cœur de la vie religieuse, au lieu de la
regarder du dehors, comme l'anatomiste
qui dissèque un cadavre, le philosophe se

rende compte de l'existence distincte d'une troisième sorte d'expérience : l'expérience proprement religieuse.

Il importe de considérer que tel phénomène psychique, que l'on ne réussit pas à construire avec la multitude discrète des éléments qui le conditionnent, s'explique immédiatement, si l'on admet la réalité de cette forme spéciale d'existence que l'on appelle la conscience : tout de même que le simple phénomène physique du mouvement, qu'on est réduit à nier si l'on n'admet que le discontinu arithmétique, devient aussitôt possible et réel, si l'on pose comme valable l'intuition expérimentale du continu. Étant donné ces exemples, il serait antiphilosophique, rencontrant des phénomènes que les principes de nos sciences constituées ne suffisent pas à expliquer, de se refuser à chercher des voies nouvelles, et à risquer de nouvelles hypothèses.

Les altérations de la personnalité que nous

offre la vie religieuse seront donc, à leur
tour, étudiées par William James directement, du point de vue de l'âme religieuse
elle-même. C'est ce qui a lieu dans le célèbre
ouvrage : *The Varieties of Religious Experience, A Study in Human Nature*, publié
en 1902.

La pathologie, qui souvent éclaire l'étude
de l'être normal, en isolant et exagérant
quelqu'une de ses fonctions, a, de plus en
plus nettement, mis en lumière une étrange
faculté de la conscience humaine : la possibilité, chez certains sujets, d'entrer en communication avec d'autres consciences, lesquelles se mêlent plus ou moins, parfois
même se substituent, à leur conscience première. La conscience, dans ces phénomènes,
ne perçoit plus des objets extérieurs, comme
elle fait dans l'expérience physique; elle
n'est plus enfermée dans les limites d'un
moi donné, comme il arrive dans l'expérience psychologique pure et simple : elle

pénètre dans d'autres moi, et elle s'ouvre à leur influence.

Cette propriété, qu'apparemment la maladie ne crée pas, mais qu'elle développe et détermine, de manière à la rendre manifeste, est, selon James, la base psychique de la vie religieuse. Non que la religion ait, en soi, rien de morbide. Dira-t-on que l'attention est un phénomène morbide, pour cette raison que certaines maladies nerveuses la surexcitent et en font ressortir certaines propriétés? Le terrain n'est pas la plante. Ses productions dépendent de la semence qu'il reçoit. Mais il est clair que, si la religion doit devenir une forme de la vie humaine, il faut que l'homme en soit capable. Selon James, la propriété de l'âme humaine qui la rend propre à recevoir l'impression religieuse est celle-là même que font ressortir, en la grossissant, les faits pathologiques d'altération de la personnalité, à savoir l'abolition possible de l'impénétrabilité qui, dans la vie ordinaire, caractérise la conscience de l'individu.

La religion, considérée, non plus seulement dans sa condition psychologique, mais en elle-même, est essentiellement une certaine forme de vie de la conscience individuelle, où le moi se sent modifié jusque dans son fond. C'est une expérience, au sens anglais du verbe *to experience*, lequel veut dire, non pas constater, d'un regard sec, une chose qui se passe toute en dehors de nous, mais éprouver, sentir, vivre soi-même telle ou telle manière d'être : sens qui répond assez exactement à celui de l'allemand *erleben*. C'est une expérience qui varie essentiellement avec les individus, et dont l'élément individuel ne peut être retranché sans que le caractère religieux en disparaisse du même coup. Si l'action synthétique d'un moi présent tout entier en chacune de ses manifestations caractérise la conscience psychologique, la modification

radicale d'une personnalité donnée est de
l'essence du phénomène religieux. Par suite,
il n'existe pas une expérience religieuse
en soi, susceptible d'apparaître identique
chez tous les hommes, comme l'expérience
scientifique. Ce qui est effectivement, ce
qui seul compte pour une philosophie qui
part des réalités et non de concepts abstraits,
ce sont les variétés individuelles de l'expérience, c'est-à-dire de la vie, religieuse.

Parmi les thèmes propres à cette expérience on peut noter : la joie essentielle et
inébranlable de l'âme; la guérison de
maladies morales et physiques, obtenue
par l'abandon de soi-même à la toute-puis-
sante bonté divine; le sentiment du péché et
de la souffrance morale, comme déterminés
par des causes sur lesquelles, malgré tous
nos efforts, nous n'avons aucune prise; la
division intérieure de l'âme, sentant se combattre en elle des personnalités contraires,
qu'elle ne peut accorder; la conversion,

qui, brusque ou progressive, substitue, à une personnalité donnée, une personnalité tout autre, incomparablement supérieure ; la sainteté, qui fait paraître, dans l'homme, une perfection surhumaine et permanente ; la vie mystique spirituelle, dans laquelle l'homme, tout en restant lui-même, a conscience de vivre la vie même de Dieu ; la prière, qui, par des voies surnaturelles, modifie le cours de nos sentiments et des choses.

Dans ces divers phénomènes, l'individu a conscience d'entrer en relation avec des puissances, conscientes et personnelles comme lui-même, mais incommensurablement supérieures à sa nature. Il constate que, tandis qu'il éprouve l'émotion religieuse, sa vie est transformée, élargie, ennoblie, animée d'un enthousiasme, d'une faculté d'héroïsme et d'une confiance dans le succès, dont, par lui-même, il était incapable. Et il est naturellement conduit à tenir pour une con-

science et une personne véritable et parente
de la sienne l'être qui, de la sorte, l'entend,
le comprend, le secourt, le guérit, et crée en
lui une personnalité nouvelle.

Telle est la conscience religieuse : c'est
la conscience humaine, ayant l'impression
qu'elle communique avec Dieu.

Du même coup elle communique avec les
autres consciences. Incapables de se connaître
entre eux, de se comprendre et de s'unir
véritablement, tant qu'ils ne croient qu'à
eux-mêmes, les hommes qui se sont une fois
tournés vers Dieu peuvent, en lui, s'aimer
et se pénétrer les uns les autres. L'univers,
à ceux que n'a pas touchés la grâce divine,
n'offre que des étrangers, des gens à qui
l'on dit : Vous. Toute créature, pour l'âme
religieuse, est un ami à qui, comme à Dieu,
on dit : Tu. Car la religion nous fait entrer
dans l'intérieur des âmes, nous rend fami-
liers avec elles; et, en leur fond, les êtres
veulent Dieu, le bien et l'amour.

Si donc l'expérience psychologique a déjà un champ de perception singulièrement plus large que l'expérience physique, l'expérience religieuse, à son tour, déborde l'expérience psychologique. Celle-ci ne s'étendait qu'au contenu total d'un moi fini, d'une personnalité repliée sur elle-même : l'expérience religieuse voit cette personnalité s'agrandir et s'enrichir à l'infini, grâce à un rapport de pénétration et de communion qui s'établit entre elle et des personnalités supérieures.

Irréductible à l'expérience psychologique, l'expérience religieuse en est-elle proprement séparée? S'y superpose-t-elle du dehors, comme un étage à un étage; ou ces deux expériences s'emboîtent-elles, en quelque sorte, l'une dans l'autre, comme les tubes d'un télescope?

Il en est, semble-t-il, du rapport de l'expérience religieuse à l'expérience psychologique comme du rapport de celle-ci à l'expérience physique : ces deux expériences se recouvrent en partie. De même que l'action réflexe est, au fond, un phénomène à la fois physiologique et psychique, de même la conscience, qui s'apparaît à elle-même comme une sphère close, possède, en réalité, une région mitoyenne entre le moi de l'individu et les autres moi.

Depuis longtemps on a reconnu l'existence, autour du centre ou foyer de la conscience, d'une marge, impossible à délimiter, où flottent des éléments de moins en moins conscients, susceptibles d'être amenés, par l'attention, au plein jour de la conscience focale. Mais là ne se borne pas aujourd'hui notre connaissance du moi. On doit considérer comme capitale la découverte, définitivement établie en 1886, d'un champ de conscience situé en dehors même de cette marge de la conscience personnelle. Le savant et profond psychologue Myers a nommé conscience subliminale cette conscience hors de la conscience, qui se relie au moi central par l'intermédiaire de la région marginale. L'existence de ce moi subliminal est attestée par nombre de données que le moi central rencontre dans son champ d'observation, et qu'il ne peut, d'aucune manière, rattacher à son expérience personnelle. Telles les intuitions du génie; tels les postulats métaphysiques de notre expérience physique ou psychologique; telles, par exemple, la notion d'une réalité véritable, répondant à nos états d'âme subjectifs, la notion d'une correspondance entre nos idées et les choses, permettant d'ériger nos idées en connaissances.

Or ce moi subliminal est très propre à expliquer les particularités de la conscience religieuse. En lui s'efface, peut-on dire, réduit peu à peu à des ondulations expirantes, le cercle, fixe à première vue, que le moi individuel trace autour de soi, et au dedans duquel il prétend se suffire et s'isoler de l'univers. Et, dans cette région ouverte et hospitalière, des consciences diverses peuvent se pénétrer, des consciences inférieures peuvent s'unir à des consciences plus hautes, à la conscience divine elle-même.

Considérons, dès lors, tel phénomène religieux, dont on serait tenté de nier la réalité, parce qu'on le juge, non supérieur, mais contraire à la nature du moi humain : le phénomène de la conversion. Pour qui admet l'existence du moi subliminal, ce phénomène, sans cesser d'être surnaturel, devient compatible avec les conditions naturelles de notre existence psychique. La conversion religieuse est, en ce sens, soit l'irruption brusque, soit l'infiltration lente, à travers la partie centrale de la conscience, d'une masse d'impressions, nées dans la région subliminale, et parvenues, par leur intensité ou par l'abandon confiant du moi, à rompre les barrières où celui-ci s'était enfermé. De là un déplacement du foyer de l'âme, un changement d'orientation de la volonté et du sentiment.

Il y a, d'ailleurs, selon cette doctrine, une transition continue, de l'expérience proprement psychologique à l'expérience religieuse, comme de l'expérience physique à l'expérience psychologique. Et l'expérience psychologique s'emboîte dans l'expérience religieuse, comme l'expérience physique dans l'expérience psychologique.

Parvenus ainsi, en suivant le progrès même d'un mode d'expérience déterminé, à la découverte d'une expérience plus profonde, nous apercevons le premier sous un jour nouveau. Le physiologique devient, pour le psychologue, une portion, artificiellement séparée et figée, du courant infiniment complexe et mouvant de la conscience : pareillement, le psychique pur et simple, l'expérience au sein d'une conscience impénétrable, devient, pour qui se place au centre de la conscience religieuse, la manifestation encore accidentelle et superficielle d'un moi qui, selon son essence véritable, est capable d'entrer dans la vaste et sympathique communion des personnes. Sous l'apparence des lois fixes et de la détermination rigide de la matière il y a le flux de la conscience : sous les consciences, séparées entre elles, des individus, il y a la pénétration mutuelle des consciences, coexistant avec leur individualité dans la sphère du spirituel et du divin.

III

LE PRAGMATISME

Il semble qu'en nous confiant à cette troisième sorte d'expérience, à ce contact avec la réalité profonde que nous procure la religion, il nous serait possible d'aborder les problèmes métaphysiques impliqués, malgré qu'on en ait, dans les postulats des sciences physiques et dans ceux de la psychologie comme science naturelle. Mais est-il permis de s'engager d'emblée dans une pareille recherche?

La philosophie de James s'est, jusqu'ici, distinguée de la plupart des systèmes modernes de philosophie par ce trait fort remarquable : contrairement à l'injonction de Kant, elle s'est refusée à débuter par la critique de nos moyens de connaître. Elle s'est jetée, directement, *in medias res*. Elle a prétendu prouver la possibilité de la science en la faisant. A vrai dire, elle déterminait sa tâche, en chaque domaine, de telle manière, qu'elle n'avait guère à craindre le reproche de témérité. Que la physiologie, malgré les postulats qu'elle implique, puisse être traitée comme science positive, c'est ce que nul, aujourd'hui, ne voudrait contester. Pareillement, semble-t-il, une psychologie qui soigneusement s'interdit toute incursion dans le domaine de la métaphysique, et qui, écartant la recherche des causes proprement dites, ne vise qu'à être hypothétiquement explicative, ne peut guère soulever d'objections. Dans la psychologie religieuse elle-même, telle que la présente, abstraction faite du post-scriptum, le livre sur les variétés de l'expérience religieuse individuelle, l'ambition de l'auteur ne va qu'à analyser et expliquer empiriquement les

phénomènes, du point de vue de la conscience religieuse elle-même. Qui pourrait
nier la légitimité de telles recherches?
Saisir, fixer, décrire, coordonner l'expérience comme telle, sans se prononcer sur
son rapport à la réalité en soi ne peut être
une témérité inadmissible.

Mais est-ce bien encore de constatation
pure et simple qu'il s'agit, si, à la lumière
de l'expérience religieuse, nous entrepre-
nons de découvrir ce qu'il y a au fond des
postulats de la psychologie et de la physiologie; si, non contents de saisir le rapport
des faits entre eux, nous abordons ces
redoutables problèmes de la cause généra-
trice et de la valeur des phénomènes, que
les sciences écartent comme transcendants
et insolubles? D'ailleurs, est-il rigoureusement exact que la psychologie religieuse, la
psychologie normale, la physiologie ne prétendent qu'à décrire et coordonner les apparences, sans se piquer aucunement de certi-

tude objective? La physiologie, quant à elle, entend bien être une connaissance dans toute la force du terme, c'est-à-dire, véritablement, savoir et expliquer. Et la psychologie, non seulement naturelle, mais même religieuse, confiante, elle aussi, dans ses postulats, n'admet pas sérieusement que ses descriptions et explications n'aient, à la lettre, qu'une valeur subjective. Quoi qu'il en soit, chercher, comme le philosophe, tôt ou tard, est amené à le faire, ce que peuvent bien signifier et valoir ces postulats eux-mêmes, c'est s'obliger, si l'on veut procéder avec méthode et circonspection, à traiter du rapport de nos conceptions à l'être et à la vérité, c'est-à-dire du problème critique. Il n'est donc plus possible, au point où nous en sommes, d'esquiver ce problème. La philosophie de l'expérience voit, comme les autres, en un certain point de sa course, cette pierre d'achoppement, comme l'appelait Kant, lui barrer la route.

L'attitude que prit William James en cette matière a été désignée par lui d'un nom qu'avait employé, en 1878, dans ce même ordre d'idées, le philosophe américain Charles Sanders Peirce : le nom de pragmatisme. Non que William James considère le pragmatisme comme une invention moderne. Son ouvrage sur cette doctrine est intitulé : *Pragmatism, a New Name for some Old Ways of Thinking* : Pragmatisme, nom nouveau désignant de vieilles méthodes de penser. Et c'est sous le patronage de Socrate, d'Aristote, de Locke, de Berkeley, de Hume et de John Stuart Mill qu'il place, à cet égard, les travaux de ses compagnons d'armes Dewey et F. C. S. Schiller, et les siens propres. Mais ce qui, dit-il, chez ces précurseurs, n'était que fragmentaire, est devenu, ou tend à devenir, une orientation générale de la pensée philosophique.

La question de la valeur de l'expérience

est fort embarrassante. Quand il s'agit de l'expérience physique, on se comprend suffisamment soi-même, étant donné l'objet, matériellement pratique, que l'on vise dans ce domaine, en disant que la valeur en est établie par la comparaison de nos assertions avec les faits, comme avec une mesure existant en dehors de nous. Mais déjà, s'il s'agit des données psychologiques de la conscience, il n'en est plus de même. Où est ici la dualité de l'idée et du fait, du sujet et de l'objet, qui paraît impliquée dans la notion de connaissance vraie? On allègue volontiers que l'identité du sujet et de l'objet qui caractérise la conscience donne précisément à son témoignage une valeur unique et inattaquable. Mais c'est se moquer que d'attribuer un caractère proprement scientifique à une affirmation invérifiable; et, en somme, nous ne savons à aucun degré ce que sont, en soi et effectivement, les états dont nous avons conscience. Le terme de conscience (*consciousness*), qui signifie connaissance de soi, et qui suppose encore un sujet connaissant correspondant à l'objet connu, n'exprime, en réalité, qu'un postulat. C'est escience[1] (*sciousness*) qu'il faudrait dire pour désigner correctement le phénomène : escience, c'est-à-dire modification du sujet pensant, saisie de façon purement subjective. Or qui prouve qu'une telle connaissance ait une valeur véritable?

A plus forte raison la conscience religieuse ne porte-t-elle pas en soi la preuve de la réalité de ses objets. Comment vérifier, c'est-à-dire comparer avec une perception immédiate des choses, l'idée que se fait le croyant de la cause de sa transformation intérieure, alors que cette cause ne peut, à aucun degré, être disjointe du sentiment subjectif de cette transformation? La distinc-

---

1. Traduction de *sciousness* proposée par MM. Baudin et Bertier dans leur traduction française de *Psychology, Briefer Course*.

tion de trois formes d'expérience répond, sans doute, aux apparences phénoménales. Mais est-elle autre chose que l'indication de problèmes de plus en plus compliqués qui se posent devant la science, problèmes que celle-ci peut se juger actuellement incapable d'aborder, mais qui, pour difficiles qu'ils soient, ne doivent pas l'induire à un abandon de la méthode d'explication mécaniste, qui serait un véritable suicide.

Non seulement donc la question de la valeur de l'expérience est inéluctable; mais il semble qu'elle ne puisse se résoudre clairement que par la réduction de la seconde et de la troisième expériences à la première, l'expérience physique.

William James procède, en cette matière, comme dans toutes les autres : il va du connu à l'inconnu, du facile au difficile, ces mots étant pris, d'ailleurs, dans leur acception commune et vulgaire.

Quelle est, dans l'ordre physique, la condition nécessaire et suffisante pour qu'une idée soit reçue pour vraie? Depuis que la science est foncièrement expérimentale, une idée scientifiquement vraie n'est plus une idée considérée comme le portrait ressemblant de la chose qu'elle représente : c'est la conception d'une formule qui nous dit à quoi nous devons nous attendre, lorsque nous constatons que tel phénomène se produit. La loi de la chute des corps signifie que, si je lâche ce corps que je tiens dans ma main, je le verrai à terre au bout d'un certain temps, déterminable *a priori*. Comment s'opère intrinsèquement le phénomène, de quelles actions est-il le résultat, quelle en est proprement la cause? La science ne répond à ces questions que jusqu'à un certain point, et même en apparence seulement. Tôt ou tard elle se trouve en présence d'une loi qui ne rentre plus dans quelque loi plus générale, et qui n'a d'autre signification que d'indiquer une certaine conjonction constante de perceptions sensibles.

En quoi donc consiste, au juste, selon la science, la vérité d'une idée? Elle est toute dans la propriété d'adapter la pensée de l'homme à la réalité. Une idée est une prédiction. Elle dit : Si vous êtes placé dans tel ensemble de conditions, vous verrez tel phénomène se produire. L'idée vraie est celle qui prédit juste, qui, mise à l'épreuve, tient sa promesse. L'idée vraie est celle qui paie, selon le sens du mot anglais *to pay* : qui rend, qui garantit un travail rémunérateur, qui, appliquée, nous donne, sur la réalité, la prise que nous désirons.

La vérité d'une idée, dès lors, ne se détermine pas d'après son origine, sensible ou rationnelle, non plus que d'après son rapport logique à tel ou tel principe : elle ne dépend que de ses effets. *The truth of an idea is constituted by its workings.* Vrai signifie vérifié ou vérifiable, rien de moins, rien de plus.

Et comme la vérification est nécessairement une action, l'action de quelqu'un, la
vérité n'est pas une entité suspendue dans
le vide : c'est une constatation que font ou
peuvent faire des individus; c'est une certaine satisfaction, susceptible d'être res-
sentie par des êtres tels que la personne
humaine.

Divers sont d'ailleurs les objets à propos
desquels l'homme peut désirer cette satisfaction. Il peut souhaiter de s'adapter aux
choses à un point de vue physique : l'idée
vraie, dans ce cas, vise une modification
matérielle des choses, et nous dit quelle
perception sensible doit être donnée pour
que telle autre se produise. L'homme peut
encore souhaiter de se représenter plus
facilement et commodément, d'une manière
plus conforme aux tendances de son intelligence, les rapports d'un certain ensemble
de phénomènes les uns avec les autres :
à ce désir répondent les théories scien-

tifiques. On résumerait assez fidèlement les conditions nécessaires et suffisantes de l'idée vraie, en définissant celle-ci : une idée qui a la propriété de nous adapter, mentalement ou physiquement, à quelque réalité : *What meaning, indeed, can an idea's truth have save its power of adapting us either mentally or physically to a reality*[1]?

Si l'on veut, d'un mot, désigner la doctrine de la connaissance qui, pour le philosophe, se dégage de l'examen de la science, il semble, estime James, qu'il convienne de l'appeler pragmatisme (de πρᾶγμα, action), par opposition à conceptualisme, ou rationalisme abstrait. La science, en effet, subordonne les idées aux faits, et non les faits aux idées. Pour elle, la réalité n'est pas fonction de la vérité, mais c'est la vérité qui est fonction de la réalité. Or les faits proprement réels se ramènent toujours, en

1. *The Journal of Philosophy, Psychology and Scientific Methods*, 3 déc. 1908, p. 692.

dernière analyse, aux manifestations observables de quelque action humaine.

**

Si tel est le critérium de l'idée vraie, peut-on dire que celle-ci trouve place dans l'expérience psychologique et religieuse, comme elle se réalise incontestablement dans le domaine de l'expérience physique?

De bonne heure l'attention de William James s'était portée sur ce problème capital. L'un de ses premiers écrits philosophiques fut une lettre qu'il adressa en français aux rédacteurs de la *Critique philosophique*, en 1878, sous ce titre : *Quelques considérations sur la méthode objective*. Il s'y inscrit en faux contre la prétention de juger de la vérité d'après quelque concept abstrait, et non d'après l'expérience vivante et réelle de l'homme lui-même. Il se rapprochait, en cela, disait-il, des principes philosophiques professés par ses bons amis Renouvier et Pillon ; et il se plut à manifester cette affinité lorsqu'il publia ses *Principes de psychologie* (1890), en inscrivant au frontispice de l'ouvrage la dédicace suivante : *To my dear friend François Pillon as a token of affection and an acknowledgment of what I owe to the* Critique philosophique (A mon cher ami François Pillon, en gage d'affection, comme de reconnaissance pour ce que je dois à la « Critique philosophique »).

Les vues que James proposait en 1878 furent de plus en plus confirmées à ses yeux par sa réflexion. Pourquoi, demande-t-il, l'idée vraie, telle que le pragmatisme la définit, serait-elle exclue de l'expérience psychique et de l'expérience religieuse comme telles ? En fait, l'emploi de certains moyens psychiques ou religieux peut tout aussi bien conduire à tel résultat cherché que l'emploi de moyens purement physiques. Un mouvement peut être produit par un autre mouvement; mais, d'autre part, une idée et même un mouvement peuvent, selon ce que nous enseigne l'expérience, être produits par une idée. Nous n'avons nul besoin, pour savoir si telle idée peut être efficace, de remonter aux conditions physiques, sans doute indéterminables dans leur totalité, de la production de cette idée : il nous suffit de la considérer en elle-même. Là où cette idée est présente, tel phénomène se produit; là où elle est absente, le phénomène n'a pas lieu : que faut-il de plus pour reconnaître dans l'idée la cause du phénomène? L'idée de telle fin à poursuivre éveille en moi des activités qui, si cette idée n'était pas intervenue, seraient demeurées endormies. Telle croyance religieuse grandit et hausse extraordinairement mon énergie, ou même guérit une maladie de mon corps. Ne sont-ce pas là des faits, précisément comparables au service que rend une formule de physique à qui veut effectuer un travail matériel?

Il y a même cette différence, en faveur de l'idée religieuse, que, tandis que l'idée scientifique ne saurait être que la constatation d'un rapport préexistant dans la nature, l'idée religieuse peut créer elle-même la connexion qu'elle affirme. La foi est une force : elle guérit, exalte, engendre, par sa vertu propre, alors qu'échouent tous les moyens physiques. Il y a des cas où l'idée se vérifie, par cela seul qu'elle est.

On ne saurait donc réserver à l'expérience physique le monopole de l'idée vraie. Si l'on entend le mot de vérité dans son sens réellement scientifique, l'idée vraie se rencontre pareillement dans l'expérience psychologique, et même dans l'expérience religieuse.

Certains font, toutefois, une objection. Il est, disent-ils, illégitime d'identifier la vérification dont l'idée est susceptible en matière psychologique et religieuse avec celle qu'elle reçoit en matière scientifique. Ici, c'est l'expérience de tous qui constate la fidé-

lité de l'idée à ses promesses et son loya-
lisme; là ce n'est qu'une expérience plus
ou moins particulière et individuelle. La
science, c'est nous; la conscience, la religion, ce n'est que moi. Comment attribuer
la même valeur à l'expérience universelle
et à l'expérience individuelle? L'expérience
scientifique, c'est l'expérience objective,
l'expérience en soi. Elle se fait et se fixe,
grâce à un travail critique, qui, des impressions individuelles, dégage un ensemble
de connaissances subsistant désormais par
soi comme une réalité distincte, et s'impo-
sant aux consciences individuelles. L'expérience religieuse, au contraire, c'est l'expérience purement et irrémédiablement subjective; c'est l'expérience, non comme
substantif, mais comme verbe : *to expe
rience*; c'est l'individu, éprouvant actuellement telle ou telle impression, que lui-
même, peut-être, n'éprouvera plus, ne
pourra plus éprouver demain. L'une, en un

mot, est connaissance, l'autre n'est que sentiment.

Sous l'argumentation pragmatique, d'ailleurs, ajoute-t-on, un sophisme se cache.
Une idée vraie, selon le pragmatisme, c'est
une idée qui se vérifie. Rien de plus juste
que cette définition. Mais l'idée se vérifie
parce qu'elle est vraie, elle n'est pas vraie
parce qu'elle se vérifie. La vérification est
le signe, non la cause, de la vérité. Le pragmatisme confond l'ordre des choses avec
l'ordre des opérations que nous accomplis-
sons pour les connaître. Certes, une idée,
pour nous, ne devient vraie qu'après que
nous avons pu la vérifier. Mais, en soi, elle
était, avant tout examen, intrinsèquement
vraie ou fausse. Les rayons du cercle n'ont
pas attendu, pour être égaux, que nous les
connussions tels. La vérification n'a pu que
mettre en lumière une qualité de l'idée qui
préexistait en elle. Et tout l'effort de la
science tend à découvrir et dégager la vérité,

éternellement existante, non à composer, des éléments subjectifs de l'expérience, une vérité toujours également relative et illusoire. Ou le pragmatisme, donc, est sans valeur, ou il suppose la théorie même de la vérité qu'il a la prétention de remplacer.

Telles sont les objections que plusieurs élèvent contre le pragmatisme. Des préoccupations métaphysiques s'y trahissent visiblement, en même temps que des habitudes d'esprit, contractées, plus passivement peut-être que nécessairement, sous l'influence de la recherche scientifique.

Vérité, estime-t-on, implique une valeur, non subjective, mais objective. Une idée vraie n'est pas seulement vraie pour moi, elle est vraie en soi. Et en quoi pourrait bien consister cette propriété, sinon dans le rapport de l'idée à un objet fixe et absolu, objet qui peut résider au dedans de l'idée ou en dehors d'elle, mais qui, nécessairement, se distingue de l'idée en tant que mienne, et même de l'idée en tant que vérifiée par mon expérience ou par l'expérience de tous les hommes ? L'idée vraie, conclut-on, ne peut tenir sa vérité que de sa conformité à son objet.

Le pragmatisme de William James ne fait pas difficulté d'accepter cette formule ; mais, pour lui, il en est de cette définition comme du concept général de vérité : elle représente, non un dogme à souscrire, mais un problème à résoudre, et à résoudre expérimentalement.

En quoi consiste précisément l'objet, norme de l'idée vraie ? Il peut être conçu de deux manières. Selon certains philosophes, qui s'intitulent volontiers intellectualistes ou rationalistes, cet objet serait quelque chose d'éternel, d'absolument défini, d'immuable, d'intelligible en soi et par soi. En d'autres termes, ce serait la vérité elle-même, comme chose en soi. En sorte que la doctrine intellectualiste peut être résumée en ces termes :

l'idée vraie est celle qui est conforme à la
vérité. Affirmation irréprochable! Mais d'où
savons-nous qu'il existe une vérité statique
et morte, comme celle que suppose cette
maxime si elle n'est pas une pure tauto-
logie, et quel moyen avons-nous d'en vérifier l'existence? Le genre de science que
l'on vise ici, en tout cas, ne saurait être
fourni par l'expérience, et James fait profession de ne croire qu'à l'expérience.

Il convient donc de se demander si l'objet
que suppose nécessairement l'idée vraie ne
pourrait pas être autre chose que la vérité
transcendante des intellectualistes.

De fait, une autre conception est possible,
à savoir celle du sens commun, pour qui
l'objet auquel nos idées doivent se trouver
conformes, ce n'est pas une vérité exté-
rieure aux choses, insaisissable et problé-
matique, c'est le réel lui-même, en tant
que donné dans l'expérience. C'est à ce
réel proprement dit que s'attache le pragma-

tisme de James : c'est dans la réalité pure
et simple qu'il trouve la source et de l'existence et des propriétés de l'idée, sans
excepter sa capacité d'être vraie. La connaissance (*knowledge*), au sens précis du mot,
n'est pas, pour lui, quelque chose de tout
fait et de préexistant, dont notre expérience
n'offrirait qu'une copie plus ou moins gros-
sière et infidèle. L'expérience vivante est,
elle-même, le contact premier et direct de
l'esprit avec la réalité. Ce qu'on nomme
proprement connaissance ne vient qu'après :
c'est le résultat d'un travail opéré par
l'esprit sur l'expérience, d'après les suggestions de l'expérience elle-même. A moins de
nous laisser duper par les formules que
nous inventons pour résumer cette expérience, nous ne pouvons chercher le réel
que dans ce qui nous est le plus immédiatement donné.

Or, si c'est bien ce réel, et non je ne sais
quel fantôme de vérité en soi, qui constitue

l'objet auquel nos idées doivent se rapporter
pour être vraies, il n'est pas douteux que nos
croyances morales et religieuses ne puissent
être vraies, au même titre que les affirmations de la science. La science est un moyen
certain et puissant d'action sur le réel; mais
les forces psychiques, morales et religieuses
ne nous permettent pas moins de nous
mesurer avec lui et de le faire nôtre. La
science a donné au genre humain la télé-
graphie, l'électricité, la diagnose et la guérison de quelques maladies. La religion donne
à certains hommes la sérénité, la paix, la
force morale, la guérison de maux, même
physiques, rebelles au traitement scientifique; ou bien encore, une foi, une ardeur et
un enthousiasme, qui transforment la personnalité jusque dans son fond, et qui lui
confèrent une puissance extraordinaire sur
elle-même et sur l'âme des autres hommes.

Arrivé à ce point de sa réflexion, William

James prit connaissance de la philosophie
d'Henri Bergson; et il fut frappé de l'appui
que certaines parties de cette philosophie
pouvaient prêter à sa propre théorie. Il
professait que la connaissance intellectuelle
et conceptuelle, dont la science positive est
le plus parfait exemplaire, n'est pas primitive
et adéquate au réel, mais dérivée et relative.
Comment, toutefois, s'opérait cette dériva-
tion? Question importante, car une explication proposée devient bien plus probable,
quand elle montre, non seulement que deux
termes sont liés, mais comment se fait le
passage de l'un à l'autre.

Or, tandis que William James avait laissé
ce problème dans l'ombre, Bergson, partant
de ce principe que les données immédiates
de la conscience sont essentiellement con-
tinues, indistinctes et mouvantes, et, par
conséquent, ne peuvent être représentées
adéquatement par des concepts dont l'essence
est la discontinuité et la fixité, expliquait,

précisément, comment, pour satisfaire à nos besoins pratiques dans un monde spatial, l'entendement compose, en appliquant aux données purement qualitatives de la conscience les formes de quantité, d'homogénéité et d'immutabilité qu'il porte en lui. un ensemble d'objets d'un maniement commode, qui sont précisément ceux que la science s'applique à saisir, définir et classer.

Ainsi, parti d'un autre point et préoccupé d'autres problèmes, Henri Bergson arrivait, sur une question capitale, à des vues analogues à celles de James, et, par le développement qu'il leur donnait, complétait fort utilement la théorie du professeur américain. Quoi de plus éloquent qu'une telle rencontre! William James en fut heureux et fier, et se plut à la signaler dans les conférences Hibbert qu'il fit à *Manchester College*, à Oxford, en 1909.

La pensée de James n'en suit pas moins son cours, qui ne se confond pas avec la

marche de la philosophie de Bergson. Pour
ce dernier, si l'entendement déforme l'être
donné dans l'expérience immédiate, c'est
qu'il travaille pour la pratique. Chez James,
si la connaissance intellectuelle est inadé-
quate, c'est qu'accommodée aux conditions
d'une pratique d'ordre purement matériel,
elle est mal propice à la pratique pure, qui
serait l'action directe des âmes sur les
âmes. En outre, si la connaissance intellectuelle est, pour Bergson, dérivée et non primitive, c'est qu'elle contient des éléments
qui apparaissent comme étrangers aux données immédiates et purement intuitives de
la conscience : celles-ci, en effet, se réduisent
à la durée en soi, dégagée, non seulement
de l'espace, mais du temps lui-même. Pour
James, c'est proprement le degré de com-
plexité et de richesse de l'expérience qui en
mesure le degré d'authenticité. L'expérience
absolument immédiate et intuitive serait
l'expérience totale.

En ce sens s'achève la doctrine de William James sur le rapport de la réalité à l'expérience. Notre expérience diffère du réel, son objet, tant qu'il s'agit d'une expérience morcelée et incomplète, au delà de laquelle nous pouvons viser une expérience à la fois plus profonde et plus large. Mais à mesure que nous embrassons plus de choses, nous sommes mieux à même de mettre chacune d'elles à sa place, de la considérer dans toutes ses relations, et, par là, de nous en faire une idée juste; ce qui revient à dire que nous sommes davantage situés au point de vue du réel lui-même.

L'expérience religieuse, qui est, de toutes les expériences, la plus profonde, la plus large et la plus riche, nous fait entrevoir ce réel par excellence. Pleinement concret, le réel véritable est une relation existant, non seulement entre des concepts, mais entre des personnes, non seulement entre des choses, extérieures les unes aux autres et se poussant entre elles comme des billes, mais entre des êtres libres, communiant intérieurement entre eux par l'action :

Im Anfang war die Tat[1].

Mais s'il est vrai que, seule entre tous nos modes de connaissance, cette expérience totale, dont l'expérience religieuse tend à se rapprocher, coïncide avec le réel véritable, il s'ensuit que l'objectivité dont jouissent les autres formes de l'expérience n'est, au fond, que leur rapport à l'expérience religieuse. C'est en tant que la conscience personnelle et relativement fermée trouve, dans une conscience ouverte à l'action d'autres consciences, l'explication de sa nature, qu'elle se considère légitimement comme une réalité. Et c'est en tant que les sciences de la matière reçoivent de l'expérience psychologique des principes qui rendent compte de leur propre expérience, qu'elles sont autre chose qu'un clas-

1. Au commencement était l'action. Gœthe, *Faust*, I.

sement abstrait d'images sans originaux.

L'objectivité des sciences et celle de la psychologie dépendent donc de l'objectivité de l'expérience religieuse, bien loin que la première puisse être conçue comme seule effective et véritable. Et le monde réel, vu sous son aspect véritable, s'il est conforme à l'idée que s'en font les sciences, est surtout, et dans son fond même, tel que l'expérimente, et tel que le fait, la vie morale et religieuse des âmes. L'âme est liberté, et cette liberté est la racine de l'être et de l'expérience. L'expérience saisit ce qui est, ce qui arrive. Or rien, dans l'univers, n'est tout fait pour l'éternité (*ready-made*). Partout et toujours l'univers est en voie de création (*in the making*). La plus humble conscience qui, par la confiance et la sympathie, s'unit à d'autres consciences dans la recherche du mieux collabore avec Dieu, pour faire, au monde dont il est citoyen, des destinées plus hautes.

IV

LES VUES MÉTAPHYSIQUES

James appelle empirisme radical la doctrine à laquelle aboutit son pragmatisme. Il ne prétend pas que cette conséquence y soit nécessairement contenue. Le pragmatisme est essentiellement une méthode, consistant à interpréter tout concept en termes d'action : la doctrine philosophique à laquelle conduira l'emploi de cette méthode n'est pas prédéterminée. Chez notre auteur le résultat obtenu est la conception d'une expérience qui, tout en demeurant vivante et individuelle, devient de plus en plus compréhensive, et qui, à mesure qu'elle est plus large, tend davantage à constituer, à elle seule, l'être lui-même. Expérience totale immédiate et réalité véritablement objective ne font qu'un : tel est le principe.

Il suit de là que les problèmes métaphysiques impliqués dans les théories des sciences positives ne dépassent pas nécessairement notre faculté de connaître. L'expérience elle-même, bien conduite, nous permet d'aborder la métaphysique.

C'est donc en parfait accord avec ses recherches expérimentales que James, après, surtout, qu'il eut médité sur les conditions de la connaissance, s'appliqua à l'étude de plusieurs problèmes qui, de l'aveu général, ressortissent à ce genre de spéculation.

*
* *

Ayant été, en 1897, chargé de faire à l'Université Harvard la conférence sur l'immortalité humaine instituée par Miss Caroline Haskell Ingersoll, le professeur James traita ce sujet d'après sa méthode largement empirique, et y apporta des idées originales.

Quelle est, se demande-t-il, la grande objection que l'on élève contre la possibilité de l'immortalité humaine? C'est que la pensée est fonction du cerveau. Rien de plus vrai, reconnaît sans peine le physiologiste William James. Mais que veut dire ici le mot fonction?

L'une des idées par lesquelles on définit ce mot est celle de production. Quand on dit que la lumière est une fonction du circuit électrique, ou qu'une chute d'eau a pour fonction de fournir de la force, on entend par là que l'un des deux phénomènes produit l'autre. Dans les cas de ce genre, il n'est pas douteux que la disparition de la cause n'entraîne celle de l'effet. Mais ce sens du mot fonction est-il le seul que nous connaissions?

Le monde physique lui-même nous offre une foule de cas où la fonction d'un organe est, non productive, mais simplement transmissive. Telle la fonction d'une lentille par rapport à la lumière. Or qui nous empêche de croire que le cerveau, au lieu de créer la pensée, est simplement le canal par où celle-ci se transmet d'un monde spirituel dans notre monde matériel? Rien, d'ailleurs, ne s'oppose à ce que, dans ce monde spirituel lui-même, notre individualité ait son fondement propre et durable. Or, s'il en était ainsi, peu importerait que le cerveau fût dissous : l'individualité spirituelle ne serait pas atteinte par là, mais elle subsisterait dans le monde où elle a ses racines, non, apparemment, sans conserver quelque chose des modifications reçues durant son existence terrestre.

La physiologie ne peut prouver ces choses, mais elle ne peut, non plus, les contredire. Sa seule conclusion légitime, en ces matières, est l'*Ignorabimus* de Dubois-Reymond.

En revanche, un grand nombre de faits d'expérience psychologique, tels qu'en tout temps les hommes en ont remarqué, notamment ceux qu'a exposés, avec la circonspection du savant, le profond psychologue Frederic **W. H.** Myers, dans ses articles des *Proceedings of the Society for Psychical Research*, et dans son livre célèbre : *Human Personality and its survival of bodily death*, 1903, tendent à montrer que notre vie psychique est effectivement susceptible de déborder la capacité de notre cerveau, et que, dans certains cas au moins, cet organe n'est proprement qu'un instrument de transmission, et non un agent de production. C'est ainsi que certains cas de conversion religieuse, de direction providentielle en réponse à une prière, de guérison instantanée, de prémonition, d'apparition au moment de la mort, de visions ou impressions clairvoyantes, de puissance médianimique, inexplicables par les propriétés intrinsèques du cerveau, deviennent intelligibles, si le cerveau est un organe de communication entre notre monde et un autre monde.

Si donc l'immortalité de l'individu humain ne peut être considérée comme démontrée, il faut reconnaître que, pour un homme qui ne se fie qu'à l'expérience, mais qui la suit partout où elle le mène, la principale objection qu'on y oppose n'est pas valable.

*
* *

Le célèbre ouvrage sur les *Variétés de l'expérience religieuse* (1902) nous montre James se risquant, dans un post-scriptum ou appendice, sur la foi de sa plus intime et profonde expérience personnelle, à couronner ses croyances proprement scientifiques par des sur-croyances d'un caractère religieux et métaphysique. Telles, la croyance à la réalité de l'être puissant et bon que les religions appellent Dieu; la croyance à un rapport spirituel entre cet être et nous: la croyance même à une action directe de cet être, et des puissances spirituelles en général, sur les détails comme sur l'ensemble des phénomènes de notre Univers.

* *

L'avant-dernier ouvrage publié par William James, *A Pluralistic Universe*, 1909, traite de l'idéalisme moniste, de Hegel, du panthéisme empiriste de Fechner, du rapport de l'un et du multiple selon Bergson, de la continuité de l'expérience, de Dieu comme être fini, de nos croyances comme éléments de la réalité : tous sujets d'un caractère métaphysique.

D'un bout à l'autre de cet ouvrage se marque un sentiment très précis de l'identité foncière de l'expérience et du réel, et, en même temps, le souci d'amener l'individu à briser les cloisons qui séparent sa propre conscience de la conscience des autres êtres.

La philosophie, y lisons-nous, est plutôt

affaire de vision passionnée que de logique;
car la logique ne fait que trouver, après
coup, des raisons pour expliquer les données de la vision.

James s'applique à convaincre d'impuis-
sance et de néant l'Absolu des idéalistes,
qui n'est pas senti et vécu, mais dialectique-
ment construit par notre entendement. En
quoi ce concept artificiel, vide de réalité,
peut-il influer sur notre conduite et sur
notre condition?

En revanche, il recueille cordialement,
dans la philosophie du célèbre psycho-
physicien Theodor Fechner, la doctrine
concrète d'une âme du monde, comme
substitut pragmatique de l'Un abstrait des
idéalistes. Réduites à leurs seules forces,
enseigne Fechner, nos consciences ne sauraient s'ouvrir les unes aux autres. L'individu, dans sa condition première, est impénétrable à l'individu. Mais, par l'action des
puissances supérieures, unies elles-mêmes,

au fond, à la conscience divine, nos consciences individuelles peuvent entrer en relation les unes avec les autres, se pénétrer,
s'aimer, se comprendre. Fechner a bien vu
que le nécessaire, au point de vue moral, et
l'inintelligible, au point de vue physique,
c'est qu'un homme soupçonne le dedans d'un
autre homme et s'y intéresse. La relation
respective des individus divers à une conscience supérieure apporte la solution de
cet obsédant problème.

Sommes-nous, toutefois, se demande
James, dans la vie terrestre elle-même,
aussi complètement étrangers les uns aux
autres que le croit Fechner? Mourons-nous,
en ce monde, vivons-nous nécessairement
seuls? Nous sommes seuls, il est vrai,
irrémédiablement, si nous ne consentons
à penser qu'avec nos sens et notre intellect.
Mais, comme l'a bien vu Henri Bergson, il
y a en nous une autre manière d'aborder
la réalité que l'expérience sensible et la

dialectique : il existe une intuition, où l'un et l'autre, au lieu de s'enfermer respectivement dans leur individualité comme des atomes épicuriens, se pénètrent sans s'identifier. « Tout est un, disait Pascal, l'un est l'autre, comme les trois Personnes. » Le Dieu en qui nous pouvons nous unir les uns aux autres, qui a la puissance de guérir la cécité naturelle de notre âme à l'égard du dedans des autres âmes, ce Dieu d'amour et d'intelligence n'est pas loin de nous, il est en nous. La liaison que vainement les idéalistes intellectualistes espèrent, du dehors, imposer aux choses au moyen de formules abstraites et inertes, nous la trouvons, ébauchée, imitée, dans les choses elles-mêmes, si, derrière leurs rapports apparents de pure juxtaposition, nous savons, par une expérience plus profonde, plus directe, saisir leur rapport d'emboîtement, de participation mutuelle, finalement de fusion intime.

Déjà le courant continu de la conscience,

attentivement observé, nous offre tout autre chose que des éléments fixes et respectivement homogènes, juxtaposés les uns aux autres. C'est lorsque, séparée plus ou moins du sentiment, et comme détendue, elle ralentit son mouvement naturel, ainsi qu'il arrive surtout dans l'expérience scientifique, que la pensée voit devant elle des semblants de substances discrètement multiples. Dans sa vie réelle et normale, où elle est sentiment autant qu'intelligence, la conscience est animée d'un mouvement rapide; et elle perçoit, non des substances, mais de perpétuelles et changeantes transitions, une combinaison intime de qualités, et non des entités distinctes. La multiplicité arithmétique ne se trouve que dans les choses inertes imaginées par un esprit qui se borne à penser : elle est absente de l'esprit concret, dont l'être réel, en somme, ne se distingue pas.

Plus nous nous efforçons de voir les

choses d'une vue naturelle, et non en usant de nos yeux comme de grossiers microscopes ou télescopes, plus nous voyons les êtres ne faire qu'un avec leurs rapports : rapports qui, au fond, sont de nature métaphysique, qui unissent sans assimiler, et qui permettent à l'individualité et à la pluralité, conditions indispensables de notre expérience et de notre existence, de subsister conjointement avec la tendance vers l'harmonie et l'union vivante, qui appartiennent à l'existence parfaite.

Le pluralisme essentiel des choses est ainsi plus vraisemblable que leur absolue réduction à l'unité. Dieu lui-même doit être conçu comme une personne qui n'exclut pas l'existence d'autres personnes.

Faut-il dire, maintenant, que ces choses sont purement et simplement, c'est-à-dire que, dans leur fond, elles sont, une fois pour toutes, éternellement et immuablement, tout ce qu'elles peuvent et doivent être? La formule suprême, principe de nécessité, c'est-à-dire d'identité universelle, que rêve la science serait-elle la mesure de l'être véritable?

A en juger par l'expérience concrète et réelle, une telle doctrine est inadmissible. Car, selon cette expérience, l'être est essentiellement vivant, il se fait, il se crée; il n'est pas exposé à nos regards, de toute éternité, comme un objet tout fait dans un magasin. Nos croyances mêmes et nos efforts sont des facteurs de son histoire, qui est sa substance. Nous sommes les amis et les collaborateurs de Dieu. Il dépend de nous, dans une certaine mesure, de rendre habitable ou inhabitable le monde où nous vivons. Et, dans la mesure même où nous aurons fait triompher le principe de la sympathie, de la compréhension des sentiments et des idées d'autrui, de la justice rendue à toutes les intentions, du désintéressement, de la beauté, de l'héroïsme et du dévouement aux causes idéales, ce principe sera.

V

PÉDAGOGIE

Tout système de philosophie, explicite-
ment ou implicitement, aboutit à une
doctrine d'éducation. William James, quant
à lui, jugerait vide et futile une assertion
qui ne signifierait pas une certaine direction imprimée à la conduite humaine. Mais
il semble que, pour notre philosophe, la
question de l'éducation présente une importance particulière. L'éducation est proprement le phénomène où se fait le passage
de la théorie à la pratique. C'est en modifiant les hommes que les idées peuvent
déterminer des changements dans le cours
des choses. Or, si les Américains en général
ont, par-dessus tout, l'ambition de n'être pas

esclaves du donné, de ne point se borner à s'y adapter, mais de s'en servir, cette disposition d'esprit est, à plus forte raison, celle de **William James**, puisque sa philosophie conclut à l'inachèvement éternel des choses et à la possibilité, pour la croyance et la volonté humaine, de jouer un rôle dans leur histoire.

Le problème de l'éducation n'est pas, pour James, une simple application de la science théorique : c'est la suite, naturelle et logique, mais originale, de la théorie. En effet, le résultat général où aboutit sa philosophie, c'est la valeur effective assurée à la notion de possibilité. Il y a dans l'homme, selon lui, et il y a hors de l'homme, une infinité de possibilités véritables. Le problème se pose, dès lors, pour une intelligence, de savoir, d'une part, comment il faut s'y prendre pour éveiller, développer et rendre efficaces ces possibilités, en elles-mêmes latentes ; d'autre part, quelles possibi-

lités, parmi cette multitude infinie, il convient d'élire, et dans quel sens il convient
d'en orienter le développement. Or, l'homme
étant l'être en qui, pour nous, commence
ce passage du possible au réel, ce problème
est, avant tout, le problème de l'éducation
humaine.

La raison même qui, chez James, fait
du problème pédagogique la conclusion naturelle de la recherche philosophique, détermine le rapport précis de la pédagogie aux
connaissances théoriques sur lesquelles elle
s'appuie.

Dans la plupart des systèmes, malgré
qu'on en ait, la pédagogie tend à se réduire
à une application mécanique des principes
posés par les sciences théoriques correspon-
dantes. En vain disserte-t-on sur la différence
de la science et de l'art. Faute de principe
propre, celui-ci, en fait, se voit ballotté entre
le hasard et la tyrannie des règles. Chez
James, l'art, foncièrement, est autre chose

que la science : il contient plus qu'elle. Toute
connaissance théorique, tout concept, est un
extrait, une partie, plus ou moins déformée,
de quelque réalité : le produit de l'art est
une réalité. Au regard des formules qui
indiquent quelques conditions de sa réalisation, l'œuvre vivante contient quelque chose
de réellement nouveau, d'irréductible, d'in-
connaissable *a priori* pour la théorie pure. Et
elle ne se réduit pas non plus à un mélange
fortuit de concepts, à une réussite, vaine
hypothèse imaginée pour conférer un sem-
blant de vertu créatrice au mécanisme, et,
par ainsi, le rendre capable de donner à
certaines choses un air d'originalité. Il existe
des êtres véritables, effectivement indivi-
duels et actifs, qui, en réalisant leurs puissances au moyen des choses, franchissent
les cadres de la science, sans, pour cela,
s'abandonner aux caprices du hasard.

D'autre part, il n'y a pas conflit entre
l'ordre idéal poursuivi par le sujet agissant

et l'ordre réel, où doit s'insérer l'action originale. Les lois naturelles sont des barrières que le sujet ne saurait sans folie vouloir enfreindre, mais en deçà desquelles une place demeure toujours disponible pour l'action libre.

Si donc la pédagogie repose sur la science, particulièrement sur la psychologie, ni elle n'est une simple application de la science, ni elle n'est une pratique livrée, pour ce qui la distingue, à la fantaisie et au caprice : elle est, au sens propre du mot, un art, usant de la science avec intelligence, et avec liberté.

*
* *

La pédagogie de William James a ce caractère remarquable, de ne point se poser tout d'abord le problème des fins. Savons-nous *a priori* si notre être a quelque destination, si quelque devoir s'impose à notre volonté? Pour qui ne croit qu'à l'expérience, le seul point de départ légitime, c'est la réalité qui frappe tout d'abord nos regards. Et cette réalité, dans l'ordre de la vie psychique, c'est la dépendance de notre âme à l'égard du mécanisme corporel. Tandis que Platon et Aristote mettaient au premier plan, dans l'âme humaine, la partie rationnelle, la psychologie de James donne cette place à la partie active, et, par suite, fait de la biologie la base de la psychologie.

L'éducation humaine doit donc être, avant tout, mécanique. Elle consiste, en ce sens, à développer, chez l'individu, certaines habitudes, en employant, d'après les enseignements de la science, tous les moyens appropriés.

Les habitudes dont l'acquisition est le plus nécessaire sont évidemment celles qui se rapportent à la conservation et au développement normal de l'organisme et des fonctions psychiques.

Mais il importe de remarquer que l'homme

a la faculté d'acquérir une foule d'habitudes dont tout d'abord il ne possédait aucun rudiment. Or il est utile qu'il se donne une grande variété d'habitudes. Chaque habitude est une force; et plus l'homme aura de forces à sa disposition, plus il sera capable d'actions diverses, plus il existera. On peut donc poser cette maxime fondamentale : pas de réception sans réaction; pas d'impression sans expression corrélative. Tout ce que l'on enseigne à l'élève doit être, pour lui, le point de départ d'une certaine habitude, doit déterminer, dans son organisme, un certain déploiement d'activité.

Mais, d'autre part, il importe que ces habitudes soient des possibilités, des puissances au service de l'homme, non des fatalités qui le tyrannisent. L'éducateur veillera donc à maintenir dans l'âme la souplesse, la puissance d'adaptation, de changement, d'acquisition, d'essai, qui est son privilège. La multiplicité même et la diversité des habitudes contribuera déjà à les rendre plus dociles.

En voyant James commencer ainsi par dresser l'automate, afin de susciter en lui, grâce à l'influence du physique sur le psychique, certaines déterminations mentales, on pense à Pascal et à l'exhortation fameuse : Faites tout comme si vous croyiez; prenez de l'eau bénite et faites dire des messes : naturellement cela vous fera croire et vous abêtira.

Mais, à travers la ressemblance, la différence est grande. Pascal considère le cas d'un homme que sa raison porte à croire, et qui, néanmoins, ne le peut. L'obstacle, selon lui, est dans les passions, qui empêchent le cœur d'obéir à la raison. Il cherche donc le moyen de dompter les passions, et de rendre à lui-même cet esprit, qui s'est laissé duper par leur séduction. Il utilise, en ce sens, l'influence des actes sur les sentiments. L'habitude de l'obéissance matérielle,

réagissant sur les dispositions du cœur,
rendra celui-ci docile, et, du même coup,
arrachera l'esprit, qu'il aveuglait, au sot
contentement de soi-même et de ses préten-
tieuses subtilités.

A la différence de Pascal, James, dans
cette première phase de l'éducation, ne
connaît de l'homme que l'automate. Il ne lui
indique pas le moyen d'employer l'automate
à faire exécuter par le cœur le commande-
ment de la raison : il ne vise qu'à donner
à l'automate humain toute la plasticité,
puissance et perfection qu'il comporte, précisément en tant qu'automate. Il y a en lui
des virtualités, des forces latentes. La seule
question, jusqu'ici, est de savoir comment
ces virtualités seront tirées de leur sommeil,
et amenées à l'état de forces organiques
immédiatement capables d'effets psychiques.
Il s'agit de créer des facultés psychiques,
aussi nombreuses et variées que possible.
Quelles déterminations morales doivent, par

ailleurs, être recherchées; la vie humaine
a-t-elle un autre but que sa propre conservation et le déploiement sans frein de ses
puissances? A cette heure ces problèmes ne
se posent pas encore, et James ne les posera
que si l'expérience l'y conduit.

*
* *

Le dressage mécanique de l'organisme et
de l'activité n'est, d'ailleurs, que le premier
stade de l'éducation.

En effet, un dressage qui vise l'âme
humaine n'est ni ne peut être une opération toute mécanique, constituant, à elle
seule, quelque chose d'achevé et de fini.
Qui dit conscience, dit élection, choix en
vue d'une adaptation; et à peine un phénomène prend-il la forme psychologique,
qu'il contient autre chose que la résultante
mécanique de ses conditions matérielles.
Mais par cela même que la conscience, dès
qu'elle s'exerce. choisit. elle tend à choisir

d'une façon de plus en plus convenable. Or
elle dispose, à cet égard, d'un instrument
autre que la pratique et l'instinct pur et
simple. Cet instrument, c'est l'idée. Grâce
à l'idée, ou représentation mentale d'un état
de conscience déterminé et de ses suites habi-
tuelles, le moi peut transporter, par asso-
ciation, à tel acte utile, qui le laisse indiffé-
rent, l'intérêt qui présentement s'attache
pour lui à quelque autre acte, et ainsi pro-
curer à sa faculté de choisir une souplesse
et une habileté nouvelles.

Or, rencontrant ainsi, dans l'âme humaine,
par delà le mécanisme, l'idée, un éducateur docile aux suggestions de l'expérience
se servira de cet instrument d'un autre
genre, pour accroître la puissance et l'excellence de l'être humain.

L'idée rend possible des opérations très
remarquables. Elle permet : 1° de conserver
la trace du passé; 2° de se représenter
quelque phénomène nouveau qui n'est

encore que possible; 3° d'employer les ressources que nous a léguées le passé à réaliser cette nouveauté.

L'idée est ainsi le trait d'union entre l'ancien et le nouveau, entre la conservation et la création. Par elle, l'homme, affranchi de la fatalité physiologique, fait servir le mécanisme psychique, ce premier stade de la vie consciente, à la réalisation d'une forme d'existence supérieure. Ce qui était obstacle se tourne en moyen.

C'est ainsi qu'en considérant la puissance, non seulement de l'organisme, mais de l'idée, c'est-à-dire en élargissant son champ d'observation, en allant de la partie vers le tout, on voit celui-ci réagir sur la partie, et l'on est amené à corriger la conception de l'âme humaine que la considération exclusive de la partie avait pu suggérer. Le rôle que joue l'idée dans notre vie nous apprend que le mécanisme physiologique n'est nullement inflexible, qu'il présente, au contraire, une certaine souplesse, et qu'il peut, en quelque mesure, se modifier, de manière à offrir les conditions matérielles requises pour une vie plus large et plus haute.

Ainsi s'ajoute, naturellement, à l'éducation physiologique et machinale, l'éducation raisonnée et intellectuelle. Celle-ci apprend à l'homme à dominer le mécanisme physique. Elle doit aussi lui apprendre à maintenir la liberté de son intelligence à l'égard d'un nouveau mécanisme, proprement intellectuel, qui, selon le cours spontané des choses, tend à se constituer et à opprimer cette liberté.

William James appelle *old-fogyism*, quelque chose comme encroûtement, la maladie spontanée de l'intelligence qu'il importe de prévenir ou de combattre, si l'on veut que cette faculté remplisse effectivement sa fonction d'intermédiaire entre la conservation et le progrès.

Les concepts dont est meublée, à un

moment donné, notre intelligence sont
autant de moules qui lui permettent de recevoir et de comprendre les objets qui lui sont
offerts. Mais pour que nous voyions, en
quelque mesure, tels qu'ils sont, les objets,
nouveaux pour nous, qui nous sont offerts,
et pour que nous soyons capables de tirer
de ce que nous voyons des idées nouvelles,
il faut, non seulement que nous choisissions
les concepts les mieux appropriés aux objets
donnés, mais encore, que nous fassions subir
à ces concepts eux-mêmes les modifications
que requièrent des objets pour lesquels ils
n'ont pas été construits. *L'old fogy* est un
homme qui a perdu l'empire sur ses concepts : il ne sait plus les assouplir et les
adapter; il les applique tels quels aux objets
qu'il veut saisir; et, dès lors, il ne comprend
le nouveau qu'en le ramenant à l'ancien,
c'est-à-dire en le niant. S'il fait, avec conséquence, la théorie philosophique de son
état d'esprit, il aboutit à n'admettre comme

légitime, dans l'ordre de la connaissance, que la science proprement dite, ou réduction de l'inconnu au connu, du possible au donné, de l'avenir au passé; et il tient pour illusoire l'existence de l'art et de l'action, qui impliquent la création de quelque chose d'irréductible au donné. *L'old-fogyism*, dit James, est la tournure d'esprit que l'on raille chez les vieillards : ils ne comprennent qu'eux et ils ne parlent que d'eux. Mais, à y regarder de près, il peut se produire à tout âge. Il y a de jeunes et tendres *fogies* qui ne le cèdent nullement aux vieillards racornis, quant à l'inaptitude à entendre ce qui dérange leurs idées.

L'éducation intellectuelle est essentiellement le traitement préventif du *fogyism* : elle apprend à garnir l'esprit du plus grand nombre possible de concepts largement utiles; et, en même temps, à maintenir intacte et vierge, autant que possible, la faculté d'adapter les concepts, expression du

passé, aux objets nouveaux, qui font l'intérêt
de l'avenir.

*
* *

Tel est le second moment de l'éducation :
il ajoute, à la possibilité de se déterminer
d'après ce qui est déjà réalisé, celle de se
déterminer d'après des fins purement
idéales. Cette extension des possibilités est
le fruit de l'idée, dont la nature est intermédiaire entre ce qui est et ce qui peut être.
Ce second moment est-il le dernier? S'il
l'était, nous devrions nous contenter de
chercher du nouveau pour l'amour du
nouveau comme tel, sans essayer de faire
un choix entre les nouveautés. L'idée, en
elle-même, est indifférente aux fins qu'on
lui confie : elle jette dans le moule du donné
et apprend à réaliser le mauvais comme le
bon, le bizarre comme le génial, le juste
comme l'injuste. Mais l'action pour l'action
est-elle la fin suprême? Ne pouvons-nous

pas, ne devons-nous pas chercher à déterminer les objets vers lesquels l'action doit
tendre, si elle aspire à posséder la perfection que, chez l'homme, elle comporte?

A ce problème, que l'éducation intellectuelle elle-même nous induit à poser, se rapporte une notion que nous trouvons présente dans notre conscience, à propos de
chacune de nos actions : la notion de valeur.
Diriger la volonté vers les choses qui ont
une valeur vraie, c'est le troisième et dernier moment de l'éducation humaine : c'est
proprement l'éducation de l'action, ou éducation morale.

Le point de départ de cette éducation,
c'est l'effort pour guérir une sorte de
maladie congénitale de la nature humaine :
la cécité de chaque conscience à l'égard de
ce qui se passe dans la conscience d'autrui.
C'est là un sujet qui tenait fort à cœur
à William James, et qu'il a traité avec
une émotion communicative dans sa célèbre

conférence aux étudiants : *On a certain Blindness in Human Beings* (*Talks to Teachers*, etc., p. 229). Nous jugeons des autres par nous-mêmes : nous ne les comprenons pas. Nous méconnaissons les motifs de leurs actions, la manière dont ils conçoivent la vie, l'idéal qu'ils honorent et qu'ils rêvent de mettre dans leur existence. Nous supposons qu'ils sont tout entiers dans les phrases qu'ils débitent pour dire comme nous, ou pour s'affirmer devant le monde, selon le barbarisme à la mode, comme si eux-mêmes osaient révéler, ou même voyaient clairement, les secrets mouvements de leur cœur.

L'homme est pire et meilleur qu'il ne se dit. Ce serait chose plus intéressante qu'on ne pense, de se mettre parfois à la place d'autrui. Songeons, d'ailleurs, que la vérité, que le bien sont des objets trop grands, trop riches d'éléments divers, pour pouvoir être embrassés par un seul individu; et qu'ainsi il peut se trouver une valeur réelle dans

des sentiments et dans des conceptions qui
s'écartent des nôtres. La tolérance que nous
devons à nos semblables n'est pas une con-
descendance, un délai indulgemment accordé
à ceux qui ne pensent pas comme nous, pour
qu'ils se corrigent : c'est un devoir strict, et
une nécessité. La tolérance est mal nommée :
c'est sympathie qu'il faut dire ; c'est dessille-
ment des yeux de la conscience ; c'est
reconnaissance de la valeur qui appartient à
la personnalité d'autrui, en cela même par
où elle diffère de la nôtre ; c'est, enfin, communion des consciences dans l'effort commun pour réaliser un idéal qui dépasse la
puissance d'un seul, et qui demande le plus
d'ouvriers possible. Le point de vue moniste,
chez de petits individus tels que nous, est
étrange : l'univers où nous vivons et où il
nous est donné, non seulement de nous
développer, mais de nous enrichir, de nous
grandir, d'agir et de créer, est un univers
pluralistique.

Qu'est-ce toutefois, proprement, que nous devons rechercher, aimer et seconder dans la conscience d'autrui? Car il ne suffit pas de vouloir autre chose que soi pour bien vouloir. Est-il possible de déterminer avec quelque précision ce qui vraiment constitue la valeur morale, ce qui donne du prix à la vie humaine? Décrire d'une façon adéquate l'objet proposé à notre activité est une entreprise contradictoire, puisqu'une telle opération suppose que l'objet en question ne contiendra rien que de déjà vu, et, par conséquent, sera un objet, non d'action, mais d'intellection pure et simple. Mais il doit être possible d'en tracer quelque crayon, si notre liberté est autre chose que caprice et hasard.

Or deux choses sont certaines. Pour qu'une vie humaine soit appréciée par une conscience qui se place précisément au point de vue de la valeur, il faut que cette vie présente, en premier lieu, ce qu'on appelle

vertu, à savoir : courage, abnégation, pureté
d'intention, persévérance, bonne volonté.
En second lieu, il faut qu'elle soit consacrée
à la poursuite d'un idéal digne de ce nom.

Et à ces deux conditions il en faut joindre
une troisième : c'est que ces deux conditions elles-mêmes soient intimement unies.
Ni l'une ni l'autre, prise séparément, ne fait
une vie grande. Ni la vertu sans idéal ne
peut prétendre au nom d'héroïsme : l'ambi-
tieux pur et simple déploie des vertus, et
certains scélérats sont capables d'abnégation; ni la pure conception d'un idéal ne
suffit à ennoblir l'homme : quelle distance
n'y a-t-il pas entre penser et faire; et nos
pensées ne sont-elles pas en nous, plutôt
qu'elles ne sont nous-mêmes?

Ce qui confère à la vie une valeur, c'est la
vertu en tant qu'elle s'emploie à servir une
grande cause; c'est l'homme, se donnant,
se dévouant, pour réaliser quelque chose de
vraiment supérieur à lui.

Et maintenant, continuera-t-on à demander en quoi consiste précisément cette forme supérieure d'existence que nous appelons l'idéal, et quelles sont, au juste, les modes d'activité que nous appelons vertus? Certes, on aura raison de continuer à poser ces questions; mais il n'appartient pas à une philosophie de l'expérience et de l'action de chercher à y répondre une fois pour toutes, comme ferait un rationalisme scientiste. La vie est et demeure un problème, infini comme elle-même, et qu'elle seule peut progressivement résoudre.

CONCLUSION

Tandis qu'il se préparait à faire ce voyage d'Europe, son espoir suprême, d'où il ne devait revenir, hélas! que pour mourir, William James s'appliquait à composer un résumé de l'ensemble de sa philosophie, qui lui avait été demandé de toutes parts, et qu'il songeait à intituler : *Introductory Text-Book for Students in Metaphysics*. Je lis dans l'excellent article du professeur Perry (*The Harvard Graduates' Magazine*, décembre 1910), qu'à travers les cruelles souffrances, les émotions terribles qui ont signalé ce voyage, le professeur James, qui avait emporté les papiers relatifs à cet ouvrage, y a travaillé

sans relâche, et qu'il est rentré chez lui l'ayant
grandement avancé. Et j'apprends de Harvard
que l'ouvrage va paraître, ce printemps 1911,
sous le titre : *Some Problems of Philosophy* ;
« Problèmes de Philosophie ». Il traite notamment : des problèmes métaphysiques, de l'être,
du percept et du concept, de l'un et du multiple, du problème du nouveau, de la foi et
du droit de croire. Le style, malgré la hâte de la
rédaction, est, plus que jamais, franc, simple et
beau. Que la mémoire du maître soit remerciée
pour ce dernier bienfait ; car lui seul pouvait
écrire ce résumé universellement désiré.

Quant à nous, le moindre article du génial
écrivain nous paraît si riche de faits et
de suggestions, si directement puisé, en
toutes ses parties, dans le commerce des
choses elles-mêmes, si chargé de pensées et
d'expressions curieuses, sur lesquelles on
voudrait méditer à loisir, que, contraints de
faire un choix, nous nous demandons à
chaque pas si les vues que nous laissons de

côté ne sont pas plus intéressantes encore
que celles que nous relevons. L'étudiant
qui, rudement, rappelait à l'ordre le professeur James, parce que celui-ci oubliait de le
chauffer en vue de l'examen, avait raison.
James ignorait, ou plutôt il condamnait
l'art de transformer l'activité de l'esprit, personnelle et incessante de sa nature, en produits industriels que l'on achète tout faits,
et que l'on cède à d'autres sans y avoir
touché que du bout des doigts. Il appelait
bald-headed and bald-hearted : chauves de
tête et de cœur ces étudiants sans vie intérieure, sans sève et sans enthousiasme,
qui ne pensent pas, qui ne cherchent pas,
et qui, pour faire figure au baccalauréat,
s'appliquent sur le cerveau quelques lam-
beaux de science, comme une perruque sur
un crâne stérile.

C'est le premier trait, fort remarquable, de
la philosophie de James : elle est anti-acadé-
mique, anti-officielle, anti-scolastique; elle

s'adresse à tous, elle parle la langue de tous.

Ce caractère extérieur est lui-même l'effet d'un important caractère interne. William James ne prend pas son point de départ dans les concepts élaborés par les philosophes antérieurs, pour les soumettre à une élaboration nouvelle et en former quelque combinaison inédite. Plus encore que dans les livres des philosophes il lit dans le livre de la nature et des sciences, et dans le grand livre du monde, et en lui-même. « Concret, solide, épais », c'est-à-dire plein de réalité vivante : c'étaient les mots qu'il employait pour désigner des conceptions dignes d'intérêt. « Abstrait » emportait, dans son langage, l'idée de factice, d'académique, d'inutile.

En ce temps où il semble que la philosophie traverse une période critique, notamment par suite de son commerce de plus en plus étroit avec les sciences positives, l'éclatant exemple donné par James d'une pensée

qui, persuadée qu'elle ne se suffit pas, se
plonge avidement dans la réalité elle-même,
dans la science et dans la vie, pour s'y
retremper et s'y rajeunir, est propre, semble-
t-il, à frapper les intelligences.

Il est visible, d'ailleurs, que William
James, critique irrévérencieux des grands
systèmes, ne se propose pas, quant à lui,
de créer un système nouveau. Je n'ose
dire qu'il aurait signé le mot superbe
d'Emerson : *With consistency a great soul
has simply nothing to do* : « Une grande
âme n'a que faire de la consistance logique ». Mais à coup sûr une contradiction
logique le scandalisait moins qu'une idée
sous laquelle il lui paraissait impossible de
mettre un fait. Au fond, il ne méprisait nullement l'unité logique, mais il la plaçait
devant l'esprit, comme un but, et non derrière, comme une chose donnée. Nous ne
savons pas *a priori*, estimait-il, si l'unité
logique existe dans les choses, mais nous

cherchons à l'y voir et à l'y mettre. L'événement seul montrera dans quelle mesure l'univers la réalise ou la peut réaliser. D'ailleurs, il est bien difficile d'affirmer que ce qui apparaît comme contradictoire lorsque l'on est placé à un certain point de vue, demeurerait tel, pour qui saurait s'élever à un point de vue supérieur. Il semble contradictoire que l'esprit agisse sur la matière et la matière sur l'esprit. Cette vue, pourtant, répond assez fidèlement à notre expérience première, et il convient de l'admettre, au moins provisoirement. Mais peut-être une expérience plus profonde est-elle capable d'atténuer, de dissoudre même cette apparente contradiction.

La philosophie de James est essentiellement ouverte. Il va devant lui hardiment, avec l'expérience pour unique guide. Le résultat de son investigation est fort remarquable.

Il part de la science, comme si elle était,
à elle seule, tout le savoir. Et le développement même de la science ramène finalement, à ses yeux, un genre de spéculation
qui, d'abord, paraissait exclu par sa méthode même : la métaphysique. La psychologie fait la transition.

De là une conception originale des rapports de la métaphysique et de la science.
La métaphysique ne saurait se passer de la
science : elle en vit. Mais la science ne saurait abolir ni absorber la métaphysique :
celle-ci possède, en face de la science, son
principe et sa réalité propre, comme le vivant
en face des substances dont il se nourrit.
Individualité respective et solidarité tout
ensemble : telle est, de part et d'autre, en des
sens divers, la condition de la science et de
la métaphysique.

L'idée essentielle de la métaphysique de
James est l'identification de la réalité avec
l'expérience la plus large, la plus complète,

la plus profonde et la plus directe, à savoir avec la vie la plus intime de la concience.

> *Die Geisterwelt ist nicht verschlossen,*
> *Dein Sinn ist zu, dein Herz ist tot*[1] :

Cette doctrine swedenborgienne circule, semble-t-il, à travers toute l'œuvre de James. Le problème métaphysique est celui des relations, non de phénomène à phénomène, ou de concept à concept, mais d'être à être. La cécité dont nous sommes affligés en ce monde à l'égard de la personnalité intérieure des autres hommes n'est pas incurable. Il y a, pour qui sait ouvrir les yeux de son esprit, des relations autres que la relation externe et mécanique d'atomes impénétrables. Il y a des relations véritablement internes. L'expérience religieuse saisit cette communauté profonde.

La métaphysique consiste à prendre une

---

1. Le monde des esprits n'est pas fermé : c'est ton intelligence qui est fermée, c'est ton cœur qui est mort. Gœthe, *Faust*, I.

conscience croissante du monde, dit surnaturel, où l'individualité participe de la solidarité; et à y relier, de plus en plus étroite-
ment, ce monde prochain et matériel, où le
sentiment de nos besoins immédiats pourrait nous faire croire que notre destinée se
déroule tout entière. Et, tandis qu'elle considère les choses sous cet aspect, la métaphysique contribue à faire qu'elles soient telles.

* * *

Philosophie très cohérente, en somme, et
de plus en plus claire, à mesure qu'elle se
développe. Sur un point peut-être, toutefois,
la pensée de James était-elle encore en train
de se définir.

Si, visiblement, il prend pour devise la
formule de Faust : *Im Anfang war die Tat* :
« Au commencement était l'action », qu'é-
tait-ce, au juste, à ses yeux, demanderons-
nous, que cette action, origine des choses?

Que sont ces relations spirituelles entre consciences, fonds ultime et modèle inimitable des relations physiques que perçoit notre conscience sensible? N'y entre-t-il que de l'amour et de la volonté, à l'exclusion de l'intelligence? S'il en était ainsi, ne faudrait-il pas dire qu'elles-mêmes ne sont encore que des faits, dont toute la supériorité sur les faits physiques se réduit à être plus intérieurs et plus primitifs? Ces relations sont-elles simplement données, c'est-à-dire, en définitive, fortuites et irrationnelles?

Il les faudrait tenir pour telles, si la puissance de coordination que nous appelons raison n'avait d'autre mode d'existence que cet entendement statique dont James a combattu les prétentions dominatrices avec tant de vigueur. A en juger par son langage, on pourrait croire parfois qu'il réduit la raison même, dans la totalité de ses manifestations et jusque dans son essence, à n'avoir d'autre objet que l'absolu, l'un et l'immobile.

La raison serait, dès lors, exclusivement abstraite; et, prise pour norme d'une pensée qui veut saisir le concret, elle ne pourrait être qu'une maîtresse d'erreur.

Il est remarquable, toutefois, que, mal satisfait, comme philosophe, des rapports où se confine la science, en tant que ces rapports ne lient les choses que du dehors, et, par suite, ne sont encore, eux-mêmes, que des faits bruts, James a cherché, de plus en plus curieusement, sous ces solidarités mécaniques, des solidarités comprises, consenties, appelées, voulues par la pensée intérieure et consciente des êtres, donc, en somme, plus véritablement intelligibles. Il ne serait donc pas, semble-t-il, contraire à sa tendance profonde d'admettre, derrière la raison statique des dialecticiens, liste toute faite de catégories immuables, une raison vivante et concrète, ayant affaire, non à des concepts vides, mais aux êtres mêmes, et jalouse, non seulement d'unité, d'immuta-

bilité et de nécessité, mais aussi, et par-
dessus tout, de libre harmonie et de communauté interne.

Interprétation qui ferait, finalement, ren-
trer la philosophie de James dans la grande
tradition classique. Car c'était bien une raison
supérieure au pur entendement logique, ou
διάνοια, que ce νοῦς de Platon et d'Aristote,
auquel appartenait, avec l'intelligibilité, l'intelligence, la causalité et la vie. Certes, la
philosophie grecque a surtout pour objet de
fixer le changeant et de rassembler le multiple, en les soumettant à des fins détermi-
nées et stables. Dans cette philosophie, toutefois, une initiative et une activité de l'esprit s'éveillent, qui, tout en se distinguant
de l'un logique et vide, ne se confondent
nullement avec le devenir fortuit et automa-
tique de la matière. Et c'est en développant
ces vues, à la suite du néo-platonicien Plotin,
que les modernes, sous l'action du christianisme, dégagèrent et exaltèrent de plus en

plus la puissance créatrice qui domine les fins mêmes du monde, et à laquelle ces fins empruntent leur existence, leur cohésion, leur liaison en quelque sorte mathématique, leur nécessité et leur fixité relatives.

Or, si cette puissance créatrice doit être conçue comme supérieure à la raison logique, laquelle, comme tout ce qui est fixe, ne représente qu'un moment de la vie des choses, vu du dehors et fixé artificiellement, rien n'empêche qu'elle-même soit raison encore, raison souple et vivante, analogue, éminemment, à la raison, à la fois théorique et pratique, spontanée et réglée, que nous trouvons en nous. Si la raison, distinguée de l'action en un sens purement logique, selon les seuls principes d'identité et de contradiction, n'est plus qu'une table de catégories inertes; et si l'action, réduite, elle aussi, en pur concept, dégénère en changement aveugle, fortuit et matériel : la raison et l'activité, conçues, ainsi qu'elles nous sont données dans notre propre expérience, comme pénétrables l'une à l'autre et susceptibles de ne faire qu'un, participent essentiellement, chacune, de la nature de l'autre. Comme la raison est parente de l'activité, ainsi l'activité est parente de la raison.

Dès lors, dire avec William James : *Im Anfang war die Tat*, ce n'est pas signifier : Au commencement était l'action, à l'exclusion de la raison. Tout en admettant cette formule, rien ne nous empêche de maintenir le grand principe de ce Descartes, qui, lui aussi, professait la libre création de la vérité : « Nous ne devons concevoir aucune préférence ou priorité entre l'entendement de Dieu et sa volonté[1]. »

1. Lettre à un R. P. Jésuite, 15 mars 1664.

TABLE DES MATIÈRES

INTRODUCTION 1

Vie et personnalité de William James 5

Philosophie de William James 23
    I. La Psychologie 23
    II. La Psychologie religieuse 48
    III. Le Pragmatisme 65
    IV. Les vues métaphysiques 94
    V. Pédagogie 107

CONCLUSION 129